사랑해요, 웨슬리 선교사님!

사랑해요, 웨슬리 선교사님!

엮은이 · 웨슬리 웬트워스, 손봉호 외

초판 1쇄 찍은날 · 2004년 9월 1일

초판 1쇄 펴낸날 · 2004년 9월 6일

펴낸이 · 김승태

출판사업본부장 · 김춘태

편집 · 김승태

표지디자인 · 김경아

등록번호 · 제2-1349호(1992. 3. 31)

펴낸곳 · 예영커뮤니케이션

　　110-616 서울 광화문우체국 사서함 1661

　　출판유통사업부 T. (02)766-7912 F. (02)766-8934 E-mail: marketer@jeyoung.com

　　출판사업부 T. (02)766-8931 F. (02)766-8934 E-mail: edit@jeyoung.com

　　홈페이지 www.jeyoung.com

ISBN 89-8350-327-0　　03230

copyright ⓒ 2004, 웨슬리 웬트워스

값 7,000원

▪ 이 책의 판매수익금은 웨슬리 웬트워스 선교사의 문서사역 기금으로 쓰여집니다.

▪ 잘못 만들어진 책은 교환해 드립니다.

사랑해요, 웨슬리 선교사님!

웨슬리 웬트워스, 손봉호 외 지음

예영커뮤니케이션

2004년 고신대학교에서 명예 기독교 교육학 박사 학위를 받은 웨슬리 웬트워스 선교사

문서선교사로서
한국 기독지성운동을 위해
일평생을 헌신한
웨슬리 웬트워스(Wesley Wentworth) 선교사에게
이 책을 바친다.

We dedicate this book to Wesley Wentworth who devoted his entire life for the work of the Korean Christian Intellectual movement as a Christian Literary Missionary.

"우리가 그를 전파하여 각 사람을 권하고 모든 지혜로 각 사람을 가르침은 각 사람을 그리스도 안에서 완전한 자로 세우려 함이니"(골로새서 1:28)

"We proclaim him, admonishing and teaching everyone with all wisdom, so that we may present everyone perfect in Christ." (Colossians 1:28)

헌정사

웨슬리(Wesley)가 70세가 되었다. 우리는 모두 그의 이름(first name)을 부르기 때문에 그가 아직도 젊은 사람으로 느낀다. 그런데 그가 우리 대부분 보다 나이가 더 많아 금년에 벌써 칠순을 맞은 것이다.

그는 미국인이지만 그 70년의 대부분을 한국에서 보냈다. 한국말이 아직도 서툴지만 그는 미국인이기보다는 한국인이다. 한국을 미국보다 더 사랑하고, 한국을 위하여 그의 일생을 바쳤기 때문이다.

그는 겉보기에는 외로운 사람이다. 그리고 실제로 외로운지도 모른다. 결혼을 하지 않았고, 노모가 계셔서 미국으로 갈 핑계가 있었으나 벌써 몇 년 전에 돌아 가셨다. 동생이 있으나, 그렇게 멀리 떨어져 있으니 자주 만나지도 못한다. 몇 년 전에 그가 전립선암에 걸려 연세대 의료원에 입원했을 때 가족들이 항상 옆에 붙어 있는 한국 환자들과는 달리 혼자 앉아 있는 모습이 매우 외로워 보였다. 병 문안 온 사람들을 그는 유달리 반가워하는 것이 평소에 그 답지 않아서 속으로 좀 미안했다.

그러나 그는 결코 외롭지 않고 외로울 필요가 없다. 그에게는 친구들이 많고, 그 친구들이 이렇게 글을 써서 그의 칠순을 기념한다. 우리들 가운데 칠순에 이런 특권을 누리는 사람은 그렇게 많지 않다. 교수가 칠순을 맞았을 때 제자들이 기념 논문집을 내는 경우는 더러 있으나, 모두가 그렇게 마음이 내켜서 하는 것이 아니다. 다른 교수 제자들도 그렇게 하기 때문에 하지 않으면 잘못하는 것 같아서 책을 내는 경우가 많다. 그러나 이 책에 글을 쓴 사람들은 모두 웨슬리를 진정 사랑하는 사람들이 정말 고마워서 쓴 것이다.

그에게 이렇게 친구가 많은 것은 그가 처세술이 뛰어나고 붙임성이 많기 때문이 아니다. 그는 아는 사람들의 사생활에 대해서 별로 관심이 없다. 만나기만 하면 줄곧 기독교 세계관과 기독교 교육에 대해서만 열정적으로 이야기한다. 그런데도 불구하고 그에게 친구들이 많은 것은 그의 순수함, 희생정신, 하나님을 향한 충성에 우리가 모두 감동을 받기 때문이다. 친구가 없어서 외롭다고 느끼는 사람들은 웨슬리를 보면 교훈을 얻을 수 있을 것이다.

그는 자신의 건강을 너무 돌보지 않아서 좀 걱정된다. 한국의 기독교, 하나님 나라의 확장을 위하여 그가 할 일이 많은데 부디 건강하기 바란다. 그의 아름다운 희생과 봉사에 대한 우리의 감사와 사랑을 모아 이 책을 웨슬리에게 바친다.

주후 2004년 9월 6일

집필자 대표 손봉호

Dedication

Wesley is now 70 years of age. Because we all call his first name, we feel he still is a young man. But he is older than most of us and is already facing his seventieth birthday.

Though he is an American, he spent most of his 70 years in Korea. Though his Korean is not fluent, he is more of a Korean than an American. He loves Korea more than America and dedicated most of his life to Korea.

Outwardly, he may seem as a lonely person. And perhaps he is lonesome. He has never been married and lost the hope of returning to the USA because his parents passed away a few years ago. He has a younger sibling but is unable to see him often because of the distance.

A few years ago when he was in Yonsei Hospital with the prostate gland cancer, comparing to the other patients with family members beside them constantly, he looked lonesome by himself. When he greeted the visitors with unusual warmth, my heart went out to him.

However, he certainly does not need to be lonely. He has many friends, and they are writing this book to celebrate his seventieth birthday. There are not too many of us who can enjoy this special privilege. Sometimes when professors reach the age 70, their students commemorate with a collection of treatises, but not all of them do it from the bottom of their hearts. Most of other professors' students do it, so they do it out of an obligation. But the people who took a part in this book truly wanted to express their love and gratitude to Wesley.

The reason he has many friends is not due to his friendliness or his art of living. He is not interested about personal lives of his friends. When he meets people, he constantly talks about Christian's worldview and Christian education passionately. Despite this, the reason he has many friends is his pure devotion and love for God has touched many lives. The people who are lonely without friends can learn from Wesley's life.

I am a little concerned about him not taking care of himself. I pray for his health for the Korean Christianity and for the further expansion of God's Kingdom. We dedicate this book to Wesley Wentworth with a deep appreciation for all his beautiful devotion and dedication.

6, September, 2004

Son, Bong Ho

Representative of Writers

웨슬리 선교사의 뜻을 우리 모두의 가슴에 새기기 위해

사랑의 반대말은 미움이 아니라 무관심이라는 말이 있다. 남에게 관심을 크게 얻지 못하는 사람은 외롭고 고독한 사람이다. 우리는 때로 우리에게 가장 큰 사랑과 호의를 베풀어준 사람에게 그 사랑을 표현하지 못하는 경우가 있다. 한국인들의 내성적인 성격 탓일 것이다. 그러나 사랑이 표현되지 않으면 상대는 외로움과 고독감을 느낀다. 사람들은 웨슬리 웬트워스 선교사의 삶을 어떻게 평가할까? 가끔씩 서로 마주치면서 나는 그런 생각을 했다. '아마 저분은 고독하고 외로울 거야.' 내가 볼 때 웨슬리 선교사가 우리 학자들을 대하는 진지함에 비해 그를 부담스럽게 느끼는 사람이 더 많아 보였기 때문이다.

그런데 지난 연초에 총신대에서 웨슬리 선교사를 만났을 때, 평상시와는 다른 모습을 보았다. 마침 고신대로부터 명예박사학위를 받은 직후라서 그런지 마냥 행복해보였다. 한국교회로부터 관심과 인정을 받았다고 생각했기 때문이 아닐까? 얼굴을 가득 채운 넉넉하고 수줍은 듯한 그 웃음을 보며, 나이를 먹으면 마치 어린이처럼 된다는 말을 실감했다. 그날 강은주 교수의 아이들을 번쩍번쩍 안으며 사진의 포즈를 취하는 그 건강함을 오랫동안 누리시길 기도했다.

지난 40여 년 동안이나 웨슬리 선교사에게서 복음과 지성의 단물을 공짜로 얻어먹은 한국의 기독 지성인들이 그분의 나이 칠순이 되어서야 뒤늦게 감사를 표한다는 것은 다소 겸연쩍기도 하다. 그러나 늦게라도 몇몇이 나서서 이 책을 펴내 웨슬리 선교사에게 헌정하는 것은 참으로 다행스러운 일이다.

이 책을 편집하면서 가장 당혹스러웠던 것은 그에 대한 자료가 너무 빈약하다기보다 거의 없다는 사실이었다. 웨슬리 선교사는 아무것도 가진 것이 없고, 눈에 보이는 것을 모아놓지도 않았다. 웨슬리 선교사는 거의 중세 시대의 수도사와 같은 삶을 살고 있다. 웨슬리 선교사의 삶을 기린다고 해놓고 그 분에 관한 정확한 기술을 할 수 없다는 것만큼 황당한 일이 있을까? 그래서 월간 《빛과 소금》에 의뢰하여 10년 전에 실렸던 웨슬리 선교사 환갑을 기념한 기획 기사와 금년 고신대에서 명예박사학위를 받았을 때 실린 기사를 제공받았다. 그즈음에 실린 국민일보 기사도 제공받았다. 고신대에서 정리한 공적조서와 《빛과 소금》, 〈국민일보〉의 기사를 모아 제 1장에 수록하였다. 기사를 제공해주신 〈국민일보〉, 《빛과 소금》, "기독교방송"에 감사드린다.

제 2장에서는 기학연의 자료 속에서 찾아낸 "Defining What a Christian Student and Professor is"라는 간략한 글과 2004년 5월 13일, 기독학술교육동역회 서울지부모임에서 강의했던 "The Challenge of Educating Christian Graduate Students to Think Christianity in

Their Academy Work"의 원문, 그리고 기독교대안교육협의회의 2003
년 1월 20-21일에 열렸던 "제 3회 기독교대안교육협의회 세미나"에서
발표했던 "Christian Alternative and Home School in Korea; its
Establishment and Management"(기독교 대안학교와 홈 스쿨링: 그
설립과 운영)의 영어 원문과 한글 번역 원고를 수록했다. 이 세 편의 글
이 웨슬리 선교사가 이 땅에 살면서 우리들에게 가장 많이 묻고 전했던
핵심을 다루고 있다고 본다.

제 3장에서는 지난 40여 년간 웨슬리 선교사를 만나 동고동락하거나
인생의 전환점을 가지게 되었던 20명의 학자들의 글을 실었다. 웨슬리
선교사와 동년배 교수들의 깊이 있는 성찰도 있고, 여러 교수들의 전공
분야가 틀림에도 불구하고 마수(?)와 같은 웨슬리 선교사의 네트워크 레
이더망에 걸려 요나처럼 피하고 피하다가 진지하게 신앙과 학문의 통합,
기독교 세계관의 정립 등 진징한 기독 학자로 거듭나게 된 과정들을 소
개한다. 어느 교수의 글에서는 웃음을 머금게 되고, 어느 교수의 글에서
는 눈물이 찡하게 나온다. 그들은 진정으로 웨슬리 선교사를 존경하고
사랑한다고 고백한다.

기독학술교육동역회, 기독경영연구원, 기독교대안교육협의회, 기독교
학교자료센터, 기독교학문연구소, 밴쿠버기독교세계관대학원, 좋은 교
사 운동, 한국창조과학회, 한국기독학생회출판부 등 한국 기독지성단체
의 대부분은 웨슬리 선교사의 직간접적인 참여와 도움으로 사역이 시작
되거나 발전되어 왔다. 이것이야말로 하나님 앞에 부름 받은 한 사람의
헌신을 통하여 하나님의 일하심을 우리가 실증적으로 보고 있는 것이다.
많은 일을 하면서도 그는 늘 한국인 지도자들을 세우고 한발 뒤로 물러
서서 그들을 돕는다. 그리스도 안에서 진정한 헌신과 섬김을 스스로 실
천하면서 보여주었다. 이제 우리는 웨슬리 선교사가 뿌린 기독 지성의

씨앗을 가꿀 사명을 이어받아야 한다. 그리고 이런 일을 세계 곳곳으로 확산시켜야 한다. 바로 우리가 그 일을 해야 한다. 이 책은 그러한 우리 모두의 여망을 담고 펴낸다.

　우리는 이 책을 판매하여 제작비를 제외한 수익금 전액을 웨슬리 선교사에게 전하여 그가 돕고 싶은 단체를 돕도록 할 것이다.

김승태(예영커뮤니케이션　대표)

To treasure Wesley's desire in our hearts

There is a phrase, "the antonym of love is unconcern." A person who does not receive much attention or interest is a lonely person. We sometimes neglect to show our love to the person who has shown us the most kindness. It could be due to Koreans' introspective personality. But unless one expresses one's love, the other person will feel lonesome and isolated. How would some people evaluate the life of Missionary Wesley Wentworth? When I passed by Wesley, I thought he is probably a lonely and isolated person. It seemed that he would be a burden to most of other scholars because of his genuine fervor for God.

But in the beginning of this year, when I had a chance to see him at Chongshin Seminary, I saw a different aspect of him. He had just received an honorary doctorate degree. He seemed so jubilant. Perhaps he thought he received some interests and recognition? As I was observing his face full of smile and assurance, I realized the old saying of "when a person gets older, one becomes like a child." I pray that he could maintain his good health for a long time as he was that day when he was posing for a photograph holding the children of Professor Kang Eun Joo.

I am ashamed to express our appreciation this late after receiving so freely of Missionary Wesley's forty years of the gospel and intellectual teachings. Nevertheless, I am glad to see several people have gotten together to dedicate this book to him.

As I was gathering information to publish this book, the most difficult task was that there was very little information about him. Wesley had nothing. He saved nothing that appears to the eyes of people. He lived almost like a monk in the medieval times. After deciding to write about Wesley's life but being unable to describe him exactly made me startled. Therefore I collected *The Light and Salt* Magazine articles from ten years ago and this year's Koshin Seminary articles when he received an honorary doctorate degree. I also received an article from *Kukminilbo*. The chapter one is comprised of the articles from Koshin Seminary, *The Light and Salt* Magazine, *Kukminilbo*. Special thanks to *Kukminilbo*, *The Light and Salt*, and CBS Radio.

The Chapter two is comprised of the articles of "Defining What a Christian Student and Professor is", and "The Challenge of Education Christian Graduate Students to Think Christianity in Their Academy Work", and "Christian Alternative and Home School in Korea; its Establishment and Management". It seems these three articles describe the core of his devoted works while living in Korea. The Chapter three is comprised of the writing of the lives of people who were influenced and touched greatly by Missionary Wesley in last forty years. It includes the writings of some of the same age professors who observed his character. It also includes the transformed life stories of the professors who were caught by Wesley's influential networking radar, after many attempts of evading him like Jonah, they gradually transformed to be scholars of genuine faith with the unity of academics and with the Christian worldview though their specialized majors differ. Some professors will make you laugh, some will make you cry. They all confess to love and respect Wesley deeply.

As like CAEA(Christian Alternative Education Association in Korea), CSRC(Christian Schooling Resource Center), DEW(Disciples with Evangelical Worldview), Good Teachers, IVP(Inter-Varsity Press), KACR(Korea Association for Creation Research), KCAM(Korean Christian Academy of Management Ltd.), KCSI(Korea Christian Studies Institute), and VIEW(Vancouver Institute for Evangelical Worldview), most of these Christian publishers and Christian ministries were founded or have grown with either direct or indirect help and participation of Wesley. These are the actual proven works of God through a person who was called and commissioned by God and devoted his life to God. He does various works but he always puts Korean leaders in the front and steps aside to the back of the scene to help them. He shows true dedication and service in Christ through his actions. Now we need to receive and carry the baton for caring of his seeds of Christian academics. And spread this work to all nations of the earth.

We are the ones who need to do this work. This book includes that remaining hope for all of us. We will donate all profits (after the deduction of the publishing cost) to Missionary Wesley Wentworth so he can contribute to the organization he desires to help.

Kim, Seung Tae
CEO of Jeyoung Communications Publishing House

차 례

3장. 나는 쇠하고 오직 그리스도만 | 101

한국 기독 지성 운동에 바친 위대한 헌신

1. 웨슬리 웬트워스는
하나님의 소명을 어떻게 섬겼나?

■ 2004 고신대학교 명예 교육학 박사 학위 수여를 위한 공적 조서

1935년 7월 31일 미국 매샤추세츠
(Massachusetts) 주 암헬스트(Amherst)에서 출생한 웨슬리 웬트워스 씨
는 미국 버지니아(Virginia) 주 블렉스버거(Blacksburg)에 소재하고 있는
버지니아 폴리테크닉 공과대학(Virginia Polytechnic Institute)에서 도시
공학(Civil Engineering)을 전공하고 1958년에 공학사 학위를 받았으며,
이어서 동대학교 대학원에서 환경공학을 전공하고 1864년에 공학 석사
학위를 수여받았다. 1953년 대학 1학년 시절에 기독교인이 된 웬트워스씨
는 학창 시절을 통해 성경의 권위에 철저히 순복하는 신실한 그리스도인
이 되기 위해 노력하였으며, 1965년 자비량 선교사로서의 소명을 받고 한
국에 온 후 지금까지 문서 선교와 기독교 지성 운동을 위해 평생을 헌신해
왔다. 이에 고신대학교는 그의 업적을 기리기 위해 명예 교육학 박사 학위
를 수여하기로 결정하였으며, 구체적인 공적 사항은 아래와 같다.

1. 웬트워스 씨는 미국 버지니아주 폴리테크닉 공과대학 1학년 재학 시절에 그리스도인이 된 후, 단순히 명목상의 그리스도인이 아니라 생활 속에서 참된 성경적 영성을 추구하는 신실한 그리스도인이 되기 위해 노력하였다. 웬트워스 씨가 대학 생활을 할 당시에는 대학 캠퍼스에 침투해 오는 자유주의 신학 사조의 영향으로 말미암아 성경의 권위와 그리스도를 구주로 영접해야 할 필요성에 대해서 그리스도인 교수들과 학생들 간에 심각한 분열이 있었다. 이와 같은 혼란기 속에서 웬트워스 씨는 정통 신앙을 고수함으로써 그리스도인 학생으로서의 신앙적 모범을 보여 주었다.

2. 웬트워스 씨는 평생의 삶을 통해서 시간과 재물에 있어서 철저하게 성경적인 청지기직 의식을 소유하고 실천하는 모범을 보여주었다. 성실과 근면, 절약과 검소로 특징지워질 수 있는 웬트워스 씨의 삶은 단순히 인본주적 가치관이 아니라 성경적 세계관을 실천하는 삶으로서 소비주의적 삶의 양태가 지배하는 오늘을 살아가는 모든 그리스도인들에게 진정한 그리스도인의 삶의 모델을 실천적으로 보여 주었다.

3. 웬트워스 씨는 대학 재학 시절부터 성경관과 구원관에 있어서 정통 신앙을 옹호하는 학자들을 찾는 일에 관심을 가졌는데, 이때부터 그는 평생동안 기독교 지성 운동의 활성화를 위해 기독교 학문 자료 목록을 작성하고 기독교 서적과 자료를 발굴하고 공급하는 문서 선교 활동에 헌신함으로써 개혁주의 세계관의 보급과 확산에 크게 기여하였다.

4. 웬트워스 씨는 자신이 기독교로 개종한 대학 1학년 재학 시절부터 기독학생운동(Inter Varsity Christian Fellowship)을 위해 노력했는데, 1965년 한국에 자비량 선교사로 파송된 후에는 자신의 전공 지식을 활용

하여 기독교 병원을 세우는 선교 활동과 함께 한국기독학생회 출판부 (Korea Inter Varsity Press)에서 기독교 신앙과 학문 관련 서적과 자료를 번역하고 출판하는 사역을 조력하고 자문하는 활동을 통해서 학문의 영역에서 그리스도의 통치권을 드높이고 하나님의 나라를 건설하고 확장하는 일에 지대하게 공헌하였다.

5. 웬트워스 씨는 또한 전 세계에 산재해 있는 그리스도인 학자들을 발굴하여 그리스도인 학문 공동체를 구성하고, 국내에서 기독교 학문의 발전을 위한 각종 세미나와 초청 특강을 헌신적으로 주선해 왔으며, 이러한 그의 노력은 한국기독교학문연구회를 태동시켰으며, 이 연구회는 곧 한국기독교학문연구소(the Korea Christian Studies Institute)로 발전하는 결실로 나타나게 됨으로써 한국에서 기독교 지성 운동의 발전 및 기독교 학문의 발전에 크게 기여하였다.

6. 웬트워스 씨는 한국에서 개혁주의 세계관의 정착을 위해 헌신적인 활동을 해 왔으며, 특히 개혁주의 세계관의 관점에서 기독교 교육의 학문적 발전과 실천을 위해 남다른 노력을 경주하였고, 한국에서 진정한 기독교 학교 운동의 활성화와 기독교 학교 설립을 위해 각별한 관심을 가지고 노력해 왔다. 뿐만 아니라, 기독교 대안 교육 운동과 홈 스쿨링 운동의 확산을 위해서도 헌신적인 노력을 경주하였다. 이와 같은 그의 노력은 한국에서 개혁주의 세계관에 기초한 기독교 교육학의 발전에 지대한 공헌을 이룩하였다.

이와 같은 공적을 기리기 위하여 고신대학교는 웨슬리 웬트워스 씨에게 명예 교육학 박사 학위를 수여하게 되었다.

2. 40년 한국 사랑·청빈한 삶, 학위식 입을 양복도 없어

■ 서윤경(〈국민일보〉 기자)

"하나님을 위해 어떤 일을 해야 하는지 잘 모르고 있습니까? 이 책을 읽어보고 해답을 찾으세요."

지난 40여 년간 한국 기독 지성인들에게 기독교 세계관을 전해 온 벽안의 문서선교사 웨슬리 웬트워스(70) 씨의 삶이 새롭게 조명받고 있다.

한국을 자신의 선교지로 삼아 문서 선교와 기독교 지성 운동 활성화를 위해 외길 인생을 살아온 그의 업적이 최근 국내 학자들로부터 인정을 받기 시작했다. 그의 열성적인 활동이 국내 기독교 학문을 진일보시킨 기폭제가 됐다는 평가를 받게 된 것. 또 신앙과 삶이 하나로 통합되는 기독교적 세계관을 전파하는 데 앞장섰다는 점도 인정받고 있다.

웬트워스 씨의 이같은 활동은 최근 작은 보상을 받았다. 지난달 19일 부산 고신대 졸업식에서 명예 교육학 박사 학위를 받은 것. 김승욱 중앙대 교수, 정세열 서강대 교수, 정규선 한양대 교수, 김유신 부산대 교수 등 많은 학자가 그를 축하하기 위해 앞다퉈 학위 수여식장을 찾았다.

학위 수여를 주도한 고신대 기독교 교육학과 김성수 교수는 "늦은 감이 있지만 한국 기독교를 위해 헌신하신 웬트워스 선교사에게 학위를 준 것은 오히려 학교의 영광"이라고 말했다.

웨슬리 선교사가 한국에 온 것은 1965년. 미국에서 도시공학을 전공한 그는 당시 청계천 하수종합처리장, 광주기독병원 건설 등을 위해 엔지니어 신분으로 한국땅을 밟았다.

"해외 공사를 많이 하는 건설회사 블랙 앤드 비치를 첫 직장으로 택했습니다. 해외 선교를 위한 통로가 될 것이라는 나름대로의 계산 때문이었지요. 제 생각은 적중했고 한국으로 파견됐을 때 하나님께 헌신하겠다고 약속한 지역이 한국이라는 것을 알게 됐습니다."

한국에서 그가 힘을 기울인 것은 문서 선교와 기독교 지성 운동이었다.

"대학 생활을 하던 당시 캠퍼스에는 자유주의 신학 사조가 침투해 왔고 성경의 권위와 그리스도를 구주로 영접해야 할 것인지에 대해 그리스도인 교수와 학생간에 심각한 분열이 있었습니다."

그는 기독교 지성 운동의 활성화를 위해 기독교 학문 자료 목록을 작성,자비를 들여 관련 서적과 논문 자료를 발굴했다. 자료가 모아지자 한국 대학들의 도서관을 방문했다. 그리고 주위 사람들에게 한국에서 접하기 어려운 외국 서적을 주거나 추천했다. 미국 유학을 떠나는 사람이 있을 때는 지인들을 소개시켜 줬다.

그는 기독교 학문 발전을 위해 각종 세미나와 초청 특강을 헌신적으로 주선했다. 기독교적 지성의 개발이 전무하던 한국 교회 풍토에서 그는 지금의 한국기독교학문연구소와 기독교대학설립동역회(현 기독학술교육동역회)라는 단체 설립에 산파 역할을 했다. 또 한국기독학생회출판부

(IVP)를 통해 기독교 신앙 관련 서적 번역에 도움을 주고 기독교 대안 교육 운동과 홈 스쿨링 운동 확산에도 헌신적으로 봉사했다.

무엇보다 중요한 그의 업적은 신앙과 삶이 하나로 통합되는 기독교적 세계관 전파에 앞장선 것. 정세열 교수는 "웨슬리 선생의 저서는 한 권도 없지만 국내 기독교 세계관 관련 서적의 머리말에서 '웨슬리 선생님께 바친다'는 글귀는 쉽게 찾아볼 수 있다."고 말했다.

그는 성실과 근면, 절약 등 성경적 세계관에 입각한 삶을 보여주고 있다. 독신인 그는 여전히 IVP 사무실의 매트리스에서 잠을 청하고 있으며 공식 행사에 입고 갈 변변한 양복도 없다. 낡은 옷과 가방, 그리고 중고차로 상징되는 그의 삶을 통해 한국의 수많은 지성이 감동을 받고 있다. 그의 청빈한 모습은 물질 만능주의에 오염된 우리에게 큰 귀감이 되고 있다.

✻ 2004년 3월 4일자 〈국민일보〉 기사
□ copyright ⓒ 〈국민일보〉, 2004

3. 매 순간마다 그리스도의 말씀으로

■ 신상목(《빛과소금》 기자)

"웨슬리 웬트워스(한국명 원이삼) 형제는 '기독교학문연구회'(현재 기독교학문연구소)의 출발점을 제공한 산파로서, 이사로서 그리고 우리의 친구로서 '기학연'과 밀접한 관계를 맺고 있는 분이시다. 그는 젊은 시절, 조국인 미국을 떠나 한국에 와서 지금까지 하나님 나라를 위해 모든 젊음을 바쳤다고 해도 과언이 아니다. 지금까지 독신으로 지내며 한국기독학생회출판부(IVP) 건물의 낡은 간이침대에서 기거하면서도 자신이 번 돈을 전부 한국 기독교인들에게 기독교 서적을 보급하는 일에 사용하였다. 기독교인들의 모임이 있는 곳이라면 한국이든, 미국이든 기독교 서적을 들고 어디든지 찾아가 기독교 세계관에 따른 삶과 학문을 소개하였고, '기학연'과 같은 모임에 참석하도록 적극 권유하기도 했다."

지난 1995년 당시 기학연 오창희 총무가 쓴 "웨슬리의 환갑" 서두 부분이다. 웨슬리 웬트워스 선교사는 그동안 국내에 많은 서적들을 소개했지만, 가장 기억에 남는 책으로 『그리스도인의 비전』, 『기독교 세계관과 현대 사상』, 『교실에서 하나님과 동행하십니까?』, 『기독교 세계관으로 가르치기』 등을 꼽았다. 책 제목에서도 알 수 있듯이 웬트워스 선교사는 기독교 세계관, 교육, 학교 등에 관심이 많았다. 3평 남짓 되는 그의 사무실에 각종 서적과 자료들로 가득하고 서랍위에 만든 '침실'은 그의 청빈한 삶을 단적으로 말해 주고 있다.

지난 2월 19일, 웨슬리 웬트워스 선교사는 고신대로부터 명예 교육학 박사 학위를 받았다. 10여 년 동안 웬트워스 선교사와 교제를 나눈 고신대 기독교 교육학과 김성수 교수는 "보통 학자들은 자신만을 위해 자료들을 쥐고 있는데 반해, 그는 같은 비전을 위해선 학문적인 자료나 원천들을 공유해야 한다는 정신이 투철한 사람"이라고 소개했다.

"What is Christian reporter?"

웨슬리 웬트워스 선교사는 고희이지만 아직도 젊은 데가 많다. 10년 이상은 족히 젊어 보이는 얼굴과 우렁찬 목소리는 향년 70세라고 믿어지지 않을 정도로 활기차다. 더구나 10여 가지 취재 사항을 준비한 기자에게 먼저 당당하게 질문을 던졌다.

"크리스천 기자란 무엇입니까?"

기자는 취재원에게 이런 질문을 한 번도 받아본 적이 없었던 터라, 한순간 말문이 막혀버렸다. 하지만 웬트워스 선교사의 질문은 참으로 신선했다. 잠시 상황을 추스르고 간신히 답변을 마치자 이번에는 동행한 사진 기자에게로 고개를 돌렸다.

"What about you?"

웬트워스 선교사가 살며 일하고 있는 IVP 사무실로 전화를 걸어 인터뷰 시간을 약속할 때부터 그는 자신을 드러내기를 꺼렸다. 과거에 자신을 취재했던 몇몇 기사들을 줄줄이 꿰며 그는 그런 기사의 반복이 싫다고 분명히 말했다. 게다가 고신대 명예 교육학 박사 학위에 대해선 언급조차 하지 않았다. 그래서였을까. 그는 기자 일행을 만나자마자, 취재의 목적과 방향에 대해 거듭 확인한 후에 자신의 생각과 사역의 부분들을 풀어 놓았다.

"오늘날 교회에서 가장 부족한 부분 중 하나는 창조에 대한 기독교적 관점입니다. 제가 말하려는 것은 '창조 과학'이 아니라 기독교적 관점, 즉 하나님께서 세상을 창조하시고 지금까지 순간마다 그것을 붙들고 계시다는 사실입니다. 저는 크리스천들이 예수 그리스도를 통해 원래의 창조 세계가 그의 사역에서 회복되는 것에 관심을 가져주었으면 좋겠습니다."

웬트워스 선교사는 덧붙여서 '예수님을 믿느냐'는 것보다 '예수님이 누구인가'를 질문해야 한다고 강조했다.

"사람들이 '예수님은 나의 구주'라고 말합니다. 하지만 예수님은 단순히 개인의 구주만이 아니십니다. 그는 역사의 주님이십니다. 초대교회에서 예수님을 모든 것의 주님이시라고 고백했습니다(요 1; 히 1:1-4). 그들은 예수님께 대한 전체적인 그림을 가지고 있었던 것입니다. 바로 창조자로서 주님이시라는 것입니다."

웬트워스 선교사는 선교의 중요성도 역설했다.

"문화 명령이야말로 선교 명령의 기초가 되어야 합니다. 선교 명령은 주
님께서 창조하신 모든 것의 회복이란 관점을 가져야 합니다."

"펜이 왜 떨어졌다고 생각합니까?"

그는 갑자기 펜을 집어 바닥으로 떨어뜨렸다. 그리고 기자에게 두 번
째 질문을 했다.

"왜 펜이 떨어졌다고 생각합니까?"

얼떨결에 중력 때문이라고 대답하자, 그는 "맞는 대답이긴 하지만 완
전한 것은 아닙니다."라며 "펜이 떨어진 것은 단순히 중력 때문만이 아
닙니다. 중력은 하나님께서 세상을 다스리는 방법을 묘사한 것일 뿐입니
다. 그동안 우리는 학문 세계에서 하나님을 배제하도록 세뇌되어 왔습니
다."라고 강조했다.

그리고 그는 『기독교적 학문 연구@현대 학문 연구』를 보여 주었다.

"현대 서양 사상사를 저술하는 한 가지 방법은 창조 교리를 배척하고, 창
조 교리가 신학 외에 다른 학문에서 연구 대상이 되지 못하도록 체계적
으로 배제시키는 것입니다. 피터 버거(Peter Berger)가 지적했듯이, 창
조를 믿는 학자들조차 '방법론적 무신론' 을 바탕으로 행동하도록 기대
하고 있습니다."

그동안 우리는 하나님과 완전히 동떨어진 교육을 받아왔다고 웬트워
스 선교사는 개탄했다.

"예수님은 모든 것의 주님이시라는 것을 고백할 수는 있습니다. 그러나
그것이 무슨 의미가 있습니까? 교육 현장은 프랜시스 쉐퍼가 말한 대로

'예수님은 좀 나가 계시지요. 우리는 인과 관계로 모든 것을 설명할 수 있으니까요.' 라고 하는 것과 같은 것입니다."

그는 이러한 '방법론적 무신론'에 세뇌당한 우리가 날마다 주님의 창조 사역에 동행하는 학교 공부가 되기 위해 다음과 같은 방법으로 살아 볼 것을 제안했다.

"분명한 것은 예수님께서 이 세상을 그의 말씀의 능력으로 순간마다 잡고 계시다는 것입니다. 그것을 우리가 삶의 현장에서 체험하기 원한다면, 한 걸음씩 내디딜 때마다 '예수 그리스도의 말씀으로'(by the word of Jesus Christ)라고 생각하여 보십시오. 그렇게 한다면 내가 관계하는 모든 일들이 순간마다 예수 그리스도에게 반응하는 것이 됩니다. 이것이야말로 창조의 의미이요, 창조자로서 하나님 아버지, 성자 하나님, 성령 하나님을 믿는 의미입니다."

그렇다면 웬트워스 선교사는 과연 얼마나 기독교 세계관에 입각해 살아 왔을까? 한국 생활 40년에서 얻은 '그만의 기독교 세계관으로 사는 법'을 듣고 싶었다. 그러나 선뜻 말하기를 주저했다. 왜냐하면 그도 아직까지 고민하고 있는 문제이기 때문이다. 기독교 세계관(그는 '세계관'이란 말을 좋아하지 않았다. 듣는 사람들에게 선입관을 가지게 하며 다분히 추상적 의미로만 인식되기 때문이란다. 그래서 그냥 '창조-타락-구속'이라고 불렀다.)에 익숙해 있지만 아직도 힘든 부분이 있다고 고백했다. 그러면서 그는 처음 한국에 와서 경험했던 이야기를 들려주었다.

"1965년 광주기독병원을 건축할 때, 저는 사람들에게 좋은 일을 해 보자고 말했습니다. 당시에는 일하는 사람들이 따로 있었고, 건물 구상만 하는 사람들이 따로 있었습니다. 저는 이런 구분이 유교 문화의 영향이라고 생각했습니다."

그는 유교 문화에 대한 이야기를 꺼내면서 40년간 한국에 살면서 오 랫동안 한국 교회를 지켜본 소감을 이어갔다. 특히 그는 한국 교회의 열 심을 좋아했다.

"헌신된 열심이 살아 있는 한국 교회 속에 있음을 커다란 특권으로 생각 합니다."

그러나 그는 거기서 만족하지 않았다.

"저는 한국 크리스천들이 열심히 열광주의가 되고 그것이 한국 교회의 한 단면으로 비춰지는 모습을 봅니다. 기독교적으로 생각하며 살아가는 크리스천들을 많이 볼 수 있었으면 좋겠습니다."

"주님의 섭리로 한국에 있습니다"

웨슬리 웬트워스 선교사는 미국 매사추세츠 주에서 청교도 신앙의 영 향을 받고 자랐다. 대학 시절엔, 도덕적 수준은 높았으나 자유주의 신학 의 풍미로 인해 예수님이 구세주이심을 알지 못했던 미국인들을 보고 가 슴앓이를 했다. 1965년 만 30세에 한국으로 온 후로 줄곧 그때의 '상처' 를 잊지 못하고 있다.

그는 대학생이었을 때 애타게 찾아 헤맸던 기독교적 학문과 교육을 위 해 지금껏 한국 땅에서 헌신하고 있다.

"주님의 섭리로 여기에 있는 겁니다. 저는 아주 제한된 사람입니다. 적당 한 시간에 적당한 장소에 주님의 섭리로 있을 뿐입니다. 앞서 일했던 사 람들이 큰일을 했습니다."며 겸손해 했다.

그는 힘이 남아 있을 때까지 한국 교회를 위해 일하고 싶다고 말했다.

"한국에 교회는 많이 있지만, 중요한 것은 그 안에서 일어나는 내용이
라고 봅니다. 그 내용을 채우는 일에 제가 해 왔던 일을 계속하고 싶습
니다."

지난 1985년부터 웬트워스 선교사와 함께 IVP에서 생활해온 신현기
총무의 말처럼, 그는 청년 시절부터 지금까지 줄기차게 흔들림 없이 분
명한 목적을 갖고 살아왔다. 이제 한국 교회에도 전문 영역에서 기독교
적인 관점을 개발하여 실천해 나가는 제2, 제3의 웬트워스가 절실히 요
구되고 있다.

4. 한국 기독 지성에 바친 위대한 섬김

■ 김승태(예영커뮤니케이션, 드림빌더스 대표)

2004년 2월 19일, 부산의 고신대학교는 졸업식장에서 지난 40여 년 간 한국의 기독 지성 운동을 위해 일생을 바쳐온 칠순의 외국인 선교사에게 명예 기독교 교육학 박사 학위를 수여했다. 이 선교사로부터 학문 연구에 큰 도움을 받아왔던 학자들은 이번 학위 수여에 대해 한국 기독교계가 공식적으로 그의 업적을 높이 평가한 중요한 계기가 되었다고 반기고 있다.

이 이야기의 주인공 웨슬리 웬트워스 선교사는 미국 버지니아 폴리테크닉 연구소 출신의 환경공학 전문가였다. 대학 공부를 하면서 기독교 세계관을 바탕으로 하는 학문 연구의 중요성에 대해 깊이 깨닫게 된 웨슬리 선교사는 글을 잘 쓰거나 말을 잘하는 은사는 없었지만 학자들이 연구를 잘하도록 섬기는 은사를 갖고 있어서 1960년대 중반부터 우리나라로 와서 좋은 신앙 서적들을 보급하는 문서선교사로 활동해 왔다.

웨슬리 선교사는 한국기독학생회와 한국기독학생회출판부에 고문으로 활동하면서 캠퍼스 문서 운동과 학원 복음화에 절대적으로 기여했고,

전국의 대학 캠퍼스를 순방하면서 만나는 학자들과 대학생, 대학원생들에게 기독교적 세계관과 기독교적 학문 연구의 중요성을 인식시켜왔다. 특히 교수와 학생들의 전공과 학문적 관심 사항을 일일이 파악해두었다가 새로운 영어 원서나 논문에 대한 정보를 얻게 되면 일일이 찾아가 세심하게 정보를 전해 주었다. 또한 많은 영어 원서들을 싸게 구입해서 학자들에게 제공해 주기도 했다. 웨슬리 선교사의 도움을 받았던 교수나 학생들은 처음에는 그의 과잉 친절을 부담스럽게 생각하기도 했다. 그러나 어느 정도 세월이 지나 그들이 전공과 관련된 논문을 쓰거나 책을 쓰게 되었을 때, 우연치 않게 예전에 웨슬리 선교사가 전해 준 원서나 논문들을 참고하게 되는 경우가 늘어났다. 학자들의 경계심은 자연스럽게 사라지고 오히려 그에 대한 존경심이 싹트게 되었다.

우리 학생들에 대한 그의 사랑은 상상을 초월한다. 웨슬리 선교사는 미국으로 유학 간 학생들의 학교를 파악해 놓았다가 가끔씩 미국 전역의 대학교를 방문하여 한국 유학생들을 격려하곤 했다. 경제 사정이 넉넉하지 않았던 웨슬리 선교사가 타고 다니던 차는 아주 낡고 낡은 차였다고 한다. 웨슬리 선교사의 뜻밖의 방문을 받은 학생들은 그의 깊은 사랑에 감동하여 더욱 돈독한 믿음을 갖게 되었다. 이러한 섬김을 통하여 학생들은 학업을 마치고 돌아와 전국의 대학교 교수, 목사, 그리고 각 분야 전문가가 되었다. 그 숫자도 수백명이 넘는다.

한국의 기독 학자들 가운데 웨슬리 선교사만큼 전국의 기독교 학자들과 폭넓은 친분을 갖고 있는 사람은 거의 없다. 그만큼 웨슬리 선교사는 기독 지성계의 마당발이다. 그는 이런 넓은 인맥을 갖고 같은 비전을 가진 사람들을 서로 연결시켜주면서 서로 동역할 수 있는 길을 열어주었다. 기독교대학설립동역회(현 기독학술교육동역회), 기독교학문연구소, 창조과학회, 기독교학교자료센터, 기독교사연합회와 같이 한국을 대표

하는 기독 지성 단체들은 거의 웨슬리 선교사가 산파역을 맡았다. 또한 우리 학자들을 국제적인 학술 단체에 가입시켜 국제적인 지도력을 발휘할 수 있는 기회를 만들어주기도 했다. 그뿐 아니라 최근에는 기독교대안학교협의회와 홈 스쿨링 관련 단체, 기독교유아교육협회와 같은 단체에도 직간접적으로 많은 도움을 주고 있다.

웨슬리 선교사는 이처럼 많은 일을 하면서도 일단 단체가 구성되면 한국의 학자들이 주체적으로 단체를 이끌어나가도록 항상 뒤로 물러서곤 한다. 세례 요한과 같이 이름도 없이 빛도 없이 자신은 쇠하고 오직 주님만 세우는 겸손한 믿음을 갖고 살아왔던 것이다. 나는 이 글을 쓰기 위해 인터넷에서 웨슬리 선교사에 대한 자료를 찾아보다가 그가 산파 역할을 했던 단체들의 사이트에서조차 그에 대한 정보를 거의 찾아볼 수 없는 것을 깨닫고 그가 자신을 쳐서 오직 주님만을 드러내는 삶을 살고 있는 것을 바라보며 경외심을 느꼈다.

아마 웨슬리 선교사에게서 가장 많은 도움을 받고 깊이 있는 인격적인 교분을 맺고 있는 세대는 그와 연배가 비슷한 손봉호 전서울대 교수, 작년에 작고한 김인수 전고려대 교수, 연세대 김정한 교수일 것이다. 웨슬리 선교사와 40여 년 간 교분을 맺어온 손봉호 교수는 그를 살아있는 기독교인의 양심의 표본이라고 말한다. 손교수가 어떤 결정을 내릴 때, 판단이 되지 않으면 이럴 때 웨슬리 선교사라면 어떤 결정을 내릴까 하고 생각해본다고 한다.

몇 년 전 나는 웨슬리 선교사가 쓰던 방에 들어가 본 적이 있다. 그의 방에는 그 흔해빠진 침대도 없이 나무판대기 위에 침구를 깔고 살고 있었다. 나로서는 상상도 할 수 없는 모습이었다. 많은 학자들의 멘토가 되고, 한국지성계를 위하여 헌신해 온 그가 사는 모습은 너무나 초라했기 때문이다. 나는 뭔가 잘못되었다고 생각했다. 한국 사람들이 그를 너무

푸대접한다고 생각했다. 그러나 그것 역시 나의 잘못된 생각이었다. 웨슬리 선교사는 철저히 하나님께 모든 것을 의존하는 삶을 살고 있었다. 그는 어떤 경우에도 미리 걱정하는 법이 없다고 한다. 그래서 우리가 마시기 두려워하는 수돗물도 스스럼없이 마시고, 음식도 가리지 않는다고 한다. 또한 웨슬리 선교사는 거의 무소유의 삶을 살고 있다. 자신이 일생 동안 모아두었던 책들은 기독교학문연구소에 기증하여 우리 학자들이 모두 이용할 수 있도록 했고, 이삿짐이라고는 책 몇 권과 속옷과 옷 몇 벌에 불과하다.

2004년 8월 30일로 칠순을 맞는 웨슬리 선교사는 이제 자신의 고향인 미국보다 한국이 더 편하다고 말한다. 그래서 그는 죽어서도 한국에 묻히기를 바랄 정도로 한국을 사랑하고 있다. 그 동안 한국기독지성계의 든든한 대들보 역할을 해왔으면서도 오직 주님의 이름 아래 자신의 모든 것을 묻어버린 웨슬리 웬트워스 선교사님께 한국 기독교인의 한 사람으로서, 기독출판인으로서 진심으로 감사의 말씀을 전한다.

"웨슬리 선교사님, 당신이 모든 삶을 바쳐 한국에 뿌린 복음의 씨앗이 한국 기독교의 미래를 꽃피울 지성의 밀림으로 자라고 있습니다. 감사합니다."

※ 이 글은 CBS 라디오의 아침 칼럼 〈오늘을 생각하며〉를 통해 2004년 3월 2일에 방송된 것이다.

5. 기독교 세계관 뿌리내린 한국 땅에서의 나그네길 30년

■ Interview with Wesley

다음은 회갑을 맞은 웨슬리 씨와 월간 〈빛과 소금〉 유종성 기자와의 인터뷰 기사이다.

사회자: 제가 몇 가지 질문을 드리겠습니다. 어릴 때 이야기를 해주시죠.

원이삼: 나는 1935년에 미국 보스톤의 매사추세츠에서 태어났습니다. 아버지는 목수였고 원래 2남 1녀였는데, 어머니가 돌아가신 다음에 재혼을 하셔서 배다른 형제가 4명 있었고, 전원적인 환경에서 자랐습니다. 그리고 하나님께서 다 면밀하게 준비하셔서 예수님을 믿게 되었는데 고등학교 1학년 때 선데이 스쿨에서 예수님을 믿게 되었지요.

사회자: 한국에는 어떻게 오시게 되었는지요?

원이삼: 미국 IVF에서 선교 담당을 하면서 세계 선교에 관심을 갖고 있다가 특별히 외국을 대상으로 한 회사에서 일하는 동안 '외국 나가서 일하

고 싶다'는 요청을 해서 한국에 오게 되었습니다. 한국에 처음 올 때는 보통 선교사들이 갖고 있는 전도의 열정과 동시에 기독교 서적에 관심이 많았고, 또 특별히 기독교적인 학문 연구에 관심을 많이 갖고 있었습니다.

대학시절만 해도 대부분 자유주의 신앙을 소유한 사람들이 많아서 학자이면서 동시에 성경을 믿을 가능성은 거의 상상할 수 없는 상황이었습니다. 당시만 해도 사람들이 윤리적 의식은 높고 대부분이 교회는 다녔지만 정말 예수 그리스도를 구세주로 모시면서 복음을 믿는 크리스천은 적었기 때문입니다. 그래서 제 관심은 실력 있는 크리스천을 열심히 찾는 것이었고 가장 좋은 크리스천 서적들을 찾기 시작했습니다. 그래서 책들을 그때부터 많이 읽기 시작했지요. 조금 전에 말씀드린 것처럼 한국에 오기 전에 캔사스 시티에서 조금 일했었는데 낮에는 엔지니어로 일하고, 저녁에는 신학교에 가서 도서관을 뒤지면서 신학서적들을 많이 읽고 신학 잡지들을 열심히 읽었습니다. 그래서 이미 한국에 왔을 때만 해도 기본적인 정보들을 갖고 있었습니다. 곧바로 선교사들과 더불어서 일할 수 있었지요.

사회자: 한국에 와서 인상적이었던 것은 언제였나요?

원이삼: 제 기억에 가장 많이 남는 것은 1965년 후반 정도에 건물이 없는 광주기독병원에 와서 같이 일하자고 제의를 받아 그곳에 갔을 때의 일입니다. 그때 특별히 기도를 많이 했는데, 거기서 환자들을 섬기며 일하고 독일에서 원조를 받아 광주기독병원을 짓는 일을 7년 동안 했습니다. 그때에는 그곳에 오는 사람들이 정말 몸이 심하게 아팠던 환자들이었기 때문에 그 사람들을 돕는 일, 또 실제로 병원을 짓는 일이 매우 인상 깊게 남고 그것을 할 수 있었던 것이 매우 감사했습니다. 당시만 해도 전기 시설이 충분하지 않아서 해 뜨면 일하고 해지면 그만하는 시절이었는데 밤

에도 일을 해야 할 때는 따로 불을 밝히고 일했습니다. 그때 하루 임금이 300원이었어요.

그 이후에는 청계천 하수처리장 만드는 일을 했습니다. 아직 안 무너졌죠(웃음). 그리고 전주예수병원에서 관리 보수하는 일을 했고, 나머지 기간 동안은 미국 정부를 위해 미군 부대와 외국 회사에서 일했습니다.

사회자: 1970년 말에 한국에 기독교 세계관에 대해 소개하기 시작하신 것으로 알고 있습니다. 스터디 그룹도 만들어 함께 책도 읽고 번역도 하다가 기독교학문연구회도 생기고 하면서 지금까지 이어져 왔는데 그렇게 일해오신 지 17년 정도 된 것 같아요. 기독교 세계관에 대한 기초는 어떻게 쌓으셨는지요?

원이삼: 제가 세계관이나 기독교적 관점을 소개하게 된 것은 대학 시절부터 신학에 관심을 많이 갖고 있었기 때문입니다. 코넬리우스 반틸 (Cornelius Van Til)의 전제론적(presuppositional) 변증이 영향을 많이 주었고, 프랜시스 쉐퍼에 대해서 연구했을 때, 쉐퍼는 좀 더 광범위한 적용을 했습니다. 전제가 모든 문화와 학문의 기초가 된다는 점에서 매우 중요하다고 생각합니다. 그리고 아브라함 카이퍼(Abraham Kuyper)의 영향도 받았고, 한국의 강영안, 신국원 같은 이들과 교제하면서도 많은 걸 배웠습니다.

사회자: 왜 지금까지 싱글로 사시는지요?

원이삼: 그것은 내가 선택한 것이 아니고 바빠서 그렇게 된 것입니다.

사회자: 젊은이들에게 주고 싶은 말씀은?

원이삼: 무엇보다 지금의 젊은이들은 제가 자랄 때보다 훨씬 더 기독교

신앙을 삶의 모든 영역에서 적용할 기회를 많이 갖고 있습니다. 그리고 옛날보다 훨씬 더 자원이나 자료가 풍부하기 때문에 그런 것들을 충분히 활용해서 그 위에 하나씩 쌓아가는 사람들이 되기를 바랍니다.

6. 웨슬리 선교사님 사랑해요!

웨슬리 선교사 환갑을 기념하여 《빛과 소금》에서 웨슬리 선교사를 취재하면서 웨슬리 선교사와 함께 지냈던 사람들의 아름다운 추억을 회고하는 간담회를 가졌다. 1994년 《빛과소금》 9월호에 게재된 글들이다.

빵구 난 양말 속의 아름다운 발가락

웨슬리 선생님하고는 아마 한 23년 전에 2년 동안 전주예수병원에서 같이 근무하면서 일을 했었습니다. 그런데 아무래도 선교사님들은 하나님의 보호가 대단하신 것 같아요. 제가 그 전에 발가락을 잘 살펴봤었어요. 한데 발가락이 하나도 부상 입지 않고 깨끗해요. 웨슬리 선생님은 항상 구멍 난 양말을 신고 다니잖아요? 빵구 난 양말 속에서도 어떻게 발이 그렇게 아름답게 보호가 잘 됐을까 했는데 선교사님이기 때문에 하나님께서 발을 잘 보호해 주셨나보다 하는 생각을 해봤습니다. 그리고 한 가지 더 말씀드리고 싶은 것은 옛날 대학시절에 알았던 여자를 마지막이라고 그랬는데(본 기사에는 빠졌음) 아마 저희들이 느낄 때 예수병원에서 근무할 때도 짝사랑한 여자가 있었어요. 그래서 앞으로 잘 살펴보십시오.

※ 김정길(전주예수병원 시설관리과장)

앉은 곳이 집, 눕는 곳이 안방

저는 원이삼 선생님과 6,7년 동안 같이 있었는데 우리 직원들과 함께 아무리 한국말을 가르쳐 드리려고 해도 한국말을 잘 배우지 못하더라고요. 그래서 부를 적에 '원이삼' 이라고 부르기보다도 영어로 '원 투 쓰리' 라고 하는 게 좋겠다고 해서 저희들이 별명으로 '원 투 쓰리' 라고 지었습니다. 그리고 한 2,3년 동안 일을 같이 하셨는데 1970년부터 1973년까지는 전임 관리부장이시던 '래리 본' 이라는 분이 오셔서 계시다가 그분이 3년 선교사의 근무가 끝나 돌아가신 후에, 우리 원 선생님이 오셔서 1년 반 동안 근무하시고 그 후에 제가 그 자리를 맡아서 지금까지 하고 있습니다.

선생님은 1965년도에 한국에 오셔서 광주기독병원만 있었던 것이 아니라 '여수애향재활원' 이라는 곳에도 있었습니다. 정말로 어려운 사람들이 있는 곳입니다. 그곳은 나병환자들이 있는 곳이에요. 그곳에 가서도 일을 많이 해 주셨고, 가서 앉은 곳이 집이고 눕는 곳이 잠자리예요. 어딜 가든 가방 하나, 책 하나 들면 그것이 전 재산입니다. 저희는 선생님을 뵐 때마다 하나님께서 특별히 보내주신 분이라고 믿습니다. 더구나 일할 적에도 시간 구애받지 않고 12시간이고 16시간이고 아침에 해 뜰 때부터 해 질 때까지 일하는 것을 그렇게 좋아하셨죠.

※ 신진우(전주예수병원 명선영선 부장)

20년 된 3단요를 갈지 않는 순수한 고집불통

홍병용 간사님한테 회갑 애기를 듣고 무슨 선물을 할까 애기했었어요. 홍 간사님이 한복하고 양복을 준비하신다고 해서 제가 그랬어요. "웨슬리 씨를 몰라서 그러냐. 양복이나 한복을 입을 분이 아닌데 뭐 그런 필요 없는 걸 하냐?"고요. 그랬더니 "그럼 뭐 필요한 게 있나?"고 하셔서 제가 있다고 했어요. IVP 사무실에 가면 항상 제가 마음에 걸렸던 게 있는데 테이블 몇 개를 붙여놓고 거기다가 20년이 넘은 3단 스펀지 이불을 깔고 주무시거든요. 그걸 볼 때마다 마음이 아프고 제가 집이 있으면 방 한 칸 멋지게 꾸며 드리고 싶은 마음이 들 정도로 마음이 아팠어요. 그럴 때마다 홍 간사님 보고 뭐라 그랬죠. "자기는 편한 집에서 살면서 웨슬리 씨는 이렇게 둔다."고. 그래서 저는 "침대를 하나 사드리면 좋겠다."고 했어요. 웨슬리 씨가 "침대 필요 없다."고 그러신다는 거예요. 그래서 제가 이번엔 웨슬리 씨의 고집을 꺾어야 된다고 그랬어요. 이번에 침대를 사서 무조건 방에다 들여놓으면 되니까 침대를 사서 들여놓으라고 그랬거든요. 그랬더니 홍 간사님이 굉장히 난처해 하시면서 자리가 없다 그러시잖아요. 밤 11시가 넘어서 웨슬리 씨에게서 전화가 왔어요. "왜, 이렇게 사람들이 나를 귀찮게 하는지 모르겠다."고 하시면서 나쁜 사람들이라고 저한테 욕하시는 거예요. 그래서 "사람들을 사랑하면 사랑을 받을 훈련도 해야 된다."고 했더니 "그 말이 뭔지 알겠지만 그러나 만나야겠다."는 거예요. 그래서 IVP 사무실에 갔더니 정말 침대 놓을 자리가 없더라구요. 책이 많아서요. 그래서 제가 "사람이 먼저지 책이 먼저가 아니지 않느냐?" 했더니 제 말이 맞대요. 그러나 자신은 괜찮대요. 그러더니 아주 작은 지하실 방으로 데리고 가셨어요. 거기에 책이 가득 있는데, 그 공간은 아마 폭으론 한 50센티, 길이론 160센티 정도 될 거예요. 거기 탁 누워보이시면서 "앞으로 이 자리가 자기가 잘 자리"라고 하시면서 "이렇게 충분히 자리가 있으니 그냥 침대는 필요 없다."고 하셨어요. 제가 결국 웨슬리 씨의 고집에 져서 나왔어요. 그러면서 왜 하나님께서 이렇게 웨슬리 씨를 다르게 만들었냐고 이해할 수 없다고 가끔가다 제 의문 중에 하나라고 말씀드렸거든요. 그랬더니 그 말에 대답이 뭐였겠어요. "That's why I am single!" 이러시는 거예요. "너무나 이상하고 너무나 고집불통이고 너무나 특이하기 때문에 싱글일 수밖에 없다." 그런 이야기를 한 것 같습니다.

그런데 제가 마지막으로 말씀드리고 싶은 것이 있어요. 웨슬리 씨를 개인적으로 만나서 경험해 보시면 그분이 어떤 분이란 걸 다 아실 거예요. 웨슬리 씨의 삶은 단순함이 갖는 가장 고귀한 아름다움이고 위대함이라는 생각을 합니다. 제가 만난 위대한 신앙인들과 아름다운 신앙인들은 다 공통점이 있었어요. 그건 뭐냐면 '단순한 마음'이고 '흩어지지 않는 마음'입니다. 이런 면이 그분들을 위대한 신앙인으로 만드는 것 같습니다.

※ 김경미 [불광중학교 역사교사, 한국기독교사회(TCF) 회원]

내가 논문 제대로 쓴 배경에는

저는 특별히 드릴 말씀이 없습니다. 왜냐하면 만난 처지가 다 저랑 비슷할 테니까요. 어느 날 웬 사람이 책을 잔뜩 끌고 와서 책을 사라고 해서 웬 사람인가 했는데, 실은 그때 제게 보여 준 그 책들 덕분에 제가 논문을 제대로 쓸 수 있었습니다. 그 당시에 저는 복음주의 입장에서 사회참여에 대한 글을 쓰기로 했는데, 제가 공부했던 곳이 진보적인 유니온 세미너리여서 그와 관련된 복음주의 책들이 없는 곳이었거든요. 그런데 웨슬리 씨가 알고 그랬는지, 모르고 그랬는지 어쨌든 그때 제게 보여준 책들 덕분에 제가 논문을 잘 쓸 수 있었고 저는 그것으로 끝난 줄 알았는데 계속해서 책을 갖고 오는 바람에 관계가 깊어졌지요. 저는 별로 책을 읽진 않아요. 근데 일단 사고 봅니다. 그게 습관이 됐습니다. 좋은 습관을 웨슬리 씨 덕분에 갖게 된 것 같습니다.

※ 방선기(이랜드 사목, 직장사역연구소 소장)

우리는 트러블 메이커로 통했죠

축하합니다. 제가 웨슬리 씨를 알게 된 건 1977년도일 거예요. 제가 텔릭스 카텍에 다닐 땐데 제 나이도 27세로 한창 외국인 회사에 대한 좋은 생각 때문에 "야, 이거 뭔가 다르구나." 하고 가서 일하는데, 어느 해인가 조금 이상한 분이 나타났죠. 조금 특이한 분이었어요. 좋게 얘기해서 다른 거고, 아무튼 이상했지요. 그런데 우연히 친해졌어요. 이 분이 웃을 때도 해맑고 그 다음에 젊은 사람한테도 굉장히 접근을 잘해요. 또한 미국인 중에 '트러블 메이커' 로 되어 있어요. 저는 '한국인 트러블 메이커' 였구요. 거기서 공통분모가 있어서 친해졌는데, 1987년도에 그 회사가 끝났는데, 그 이후에도 웨슬리 씨하고는 1년에 두세 번 정도 만났습니다.

※ 직장 동료

그분이 나타나면 도망부터 가요

전 웨슬리 씨가 딱 나타나면 도망을 가요. 웨슬리 씨는 뭘 버리는 걸 굉장히 싫어하세요. 싫어하시는 정도가 아니라 너무너무 가슴 아파하시고 그래요. 여러 가지 어려운 부분들도 참 많이 있지만 아직 저희들이 나이가 어리고 또 아직 인격적으로 미성숙하기 때문에 그렇지 않나 하는 생각이 들고 웨슬리 씨와 친해지기 위해선 많은 인내심이 필요하다고 생각을 했어요. 저는 10년 정도 뵈었는데 제가 한 번도 웨슬리 씨한테 화를 낸 적이 없거든요. 그런데 저를 너무 귀찮게 하는 거예요. 20년 된 3단요의 옆구리가 터졌는데 수선집에 맡겨 달래요. 그래서 저희들이 그걸 갈아버리자고 했더니 절대 그럴 수 없다고 해서 자매들이 함께 모여서 꿰매 드렸어요. 제가 웨슬리 씨를 보면서 느꼈던 것은 자기 자신을 위해서는 최저의 생활을 하신다는 것입니다. 그 말은 곧 다른 사람을 위해서는 최고의 생활을 하신다는 거죠. 그런 모습을 보고 많이 배웠습니다.

✳ 이화정(IVP 경리부 간사)

자신의 일과 결혼한 분

저는 네 단어로 요약해 봤습니다. 첫 번째가 웨슬리는 급진적(radical)이다. 기성세대의 풍조에 대해 급진적인 비판을 하는 분인 것 같습니다. 라이프스타일도 그렇구요. 두 번째는 즉 헌신되어(committed) 있다. 특별히 자신이 받은 사명에 대해 굉장히 헌신되어 있고 주변의 다른 사람들에게도 그런 것 같습니다. 세 번째는 끈질기다는 것입니다(persistent). 웨슬리는 끝까지 사람을 놓치지 않고 물귀신처럼 쫓아다닌다는 면에서 그렇고 일에 대해서도 그렇습니다. 한번 일거리를 줬는데 아직 안 해줬다 하면 밤낮 전화해서 언제 할거냐 하면서 사람을 말리는(?) 사람입니다. 마지막으로 독신(single)입니다. 독신 여성을 좋아하시고 자신의 일과 결혼한 사람입니다. 싱글의 특성을 가지고 있는 것 같아요. 한 사람이 변화되어서 정말 헌신적인 크리스천이 될 때 그 사람을 통해서 얼마나 큰 영향을 미칠 수 있는지 아마 단적으로 볼 수 있는 인물이 바로 웨슬리가 아닌가 하는 생각을 합니다.

✳ 홍병룡(전 IVP 대표간사)

사회자가 마지막으로 "남은 생애 동안 하고 싶은 일은 무엇입니까?"라
고 물었을 때, "현재 외국인회사에서 엔지니어로 일하고 있지만, 이제부
터는 가능하면 엔지니어로서의 일은 줄이고 지금까지 사역해온 기독교
적인 학문 연구와 문서 사역에 전념하고 싶다."고 했다.

＊ 이 기사는 《빛과소금》 1994년 9월호에 게재되었으며, 유종성 기자가 정리한 것이다.

Are you really Christian?

1. Defining What a Christian Student and Professor is

■ Wesley Wentworth

 Some issues which we should give some careful thought To.

1. What is a Christian Student.
    a. Define what a student is and does
    b. Define what a Christian is and does
        1) Be sure and define carefully who is Christ is
        2) Also be sure to define carefully who you are

2. Does your concept of Christianity allow you to be a Christian and a student or professor or business man or engineer, If not why not.

3. Are the present discipleship programs adequate in their teaching? If not what is missing and where and how should it be integrated into the programs.

4. If one is converted as an undergraduate or graduate student, does
   he need to go back to the middle and high school level of
   thinking and begin to rethink what he has learned based on a
   biblical worldview. Please explain your view.

5. Can Christian thinking and the development of a Christian mind
   be done;
   a. Without an understanding of how scholarship has developed in
      general and in specific areas of study and how Christian have
      participated?
   b. Without a basic understanding of worldviews and philosophy
      to include a Christian one.

6. Is community essential to Christian thinking and practice/ If so
   what kind of a community.

7. Begin a list or basic concepts/ideas which a Christian must be
   able to think with in the university.

8. Make a list or issues that you think are important for the
   development of Christian thinking and practice.

9. List questions that you have.

2. The Challenge of Educating Christian Graduate Students to Think Christianly in Their Academic Work

■ Wesley Wentworth

1. There are around 150,000 graduate students in Korea.

   a. There are 15,000 Christians assuming 10% are Christians.

   b. There are 3,800 new Christian graduate students each year assuming that the average graduate students spends 4 years in graduate school. (Masters & PhD. students)

   c. Hanyang University has around 5,000 graduate students. Based on the above assumptions there are 500 Christian graduate students and 125 new Christian graduate students each year which should receive help in thinking Christianly.

2. The above indicates that there is a critical need for educating graduate students to think Christianly in their field of study and in the whole academic area as it is connected to life.

3. Most Christian student groups have a discipleship program such as CCC's ten Basic Steps. Also it is probably true with few exceptions that these programs have nothing to help the student

to think as a Christian in his/her academic work and to evaluate the level of their understanding of the meaning of their Christian faith for their academic work. Put in another way, there are lots of Christians who are students but few Christian students who consider the discipleship of the mind their calling as students.

4. The beginning of a solution to the problem is to develop a list of concepts and ideas which a graduate student should be able to work with if he/she is going to think Christianly in their academic work and life. Ideally the list should be in two parts. a. General topics for all students. b. Specific topics for students in specific fields of study. Topics should be brought together in a systematic way so as to provide reading and study programs or curriculums of study to assist students at different levels of understanding, ability and commitment. As in all education ways to assess a persons progress in understanding and ability to apply what they learn must be developed. This requires criteria for evaluation and assessment. Therefore, serious thought and time will be required to developing serviceable criteria to help teachers, mentors, and students evaluate their level of understanding and practice.

5. A data base of papers, articles, books, taped lectures, and resource persons (mentors) to assist students in acquiring insight, concepts and information are needed for individuals and groups. Resource centers need to be established in professors offices, Christian academic groups and churches. University libraries should be urged to obtain Christian academic journals and books. An updated list on where resources can be found should be maintained on web sites. Also where possible the resources

should be made available on web sites.

6. All persons or study groups should be encouraged to write down:
   a. The results or their study.
   b. Suggested improvements in their plan of study.
   c. Suggestions for further study. Writing down what has been learned will be of value and encouragement to future students and groups. Writings should be stored in a computer and put on web site.

7. Due to students and professors time limits encourage the development of moderated and unmoderated web and e-mail discussions of basic articles, topics and concepts. Discussions could then be edited and put on a web site. For a secular example see <helix.nature.com/debates/index.htm> from the British journal "Nature".

8. As far as possible provide information on the web of persons and groups who are studying within a Christian worldview so that others can communicate with them or joint them.

9. Continuously communicate in as many ways as possible the Biblical/ Kingdom vision for Christian scholarship and practice. Also the Biblical basis of calling and vocation in academic and all work must be creatively articulated to challenge students, pastors and other continuously. Our goal academic and vocational disciples to bring Glory to God.

10. Keep a data base of all students concerned to think Christianly

about their academic work and life, so that they can work together. Also include a data base of persons and professors who can and are willing to mentor students in Christian thinking.

11. Maintain a list of topics by field of study that need to be researched and written on to the promote Christian thinking and practice. (Serviceable insights continually need to be developed so that the Christian community shall be salt and light in the world). Students need a clear vision of God's purpose in their research and writing other than meeting the requirements of professors and the University.

12. Scholarship is a communal activity in universities etc normally carried on in a worldview that excludes God the creator. Therefore Christians must work as an academic community.

13. Please add your ideas and observations.

"The problem is not only to win souls but to save minds. If you win the whole world and lose the mind of the world, you will soon discover you have not won the world. Indeed it may turn out you have actually lost the world."

- Charles Malik former Lebanese President of the U.N.

"What you believe determines the kinds of questions you can ask, and the kinds of questions you ask determine the kinds of answers you can get."

- Suzanne Langer

The Christian Mind or Christian Thinking? A Definition

By an evangelical "life of the mind" I mean more the effort to think like a Christian - to think within a specifically Christian framework - across the whole spectrum of modern learning, including economics and political science, literary criticism and imaginative writing, historical inquiry and philosophical studies, linguistics and the history of science, social theory and the arts. Academic disciplines provide modern categories for the life of the mind, but the point is not simply whether evangelicals can learn how to succeed in the modern academy. The much more important matter is what it means to think like a Christian about the nature and workings the physical world, the character of human social structures like government and the economy, the meaning of the past, the nature of artistic creation, and the circumstances attending our perception of the world outside ourselves. Failure to exercise the mind for Christ in these areas has become acute in the twentieth century. That failure is the scandal of the evangelical mind.

The search for a Christian perspective on life—on our families, our economies, our leisure activities, our sports, our attitudes to the body and to health care, our reactions to novels and paintings, as well as our churches and our specifically Christian activities—is not just an academic exercise. The effort to think like a Christian is rather an effort to take seriously the sovereignty of God over the world he created, the lordship of Christ over the world he died to redeem, and the power of the Holy Spirit over the world he sustains each and every moment. From this perspective the search for a mind that truly thinks like a Christian takes on ultimate significance, because the search for a Christian mind is not, in the end, a search for mind but a search for God.

✳ From *The Scandal of the Evangelical Mind* by Mark A. Noll,
  Wm. B. Eerdmans, 1994.
✳ 본 원고는 2004년 5월 13일, 기독학술교육동역회 서울지부 월례 모임에서의 강의안이다.

3. Christian Alternative and Home School in Korea: its Establishment and Management.

■ Wesley Wentworth

A fundamental question which the Christian Community must face is how it is going to educate its children and for what purpose.

There are a number of ways which the purpose of education can be stated and an examination of the mission statements of Christian schools will give insight. Each issue of Christian Home & School provides this under Profile for a school. See Christian Schools International web site: www.CSIonline.org

I would like to advocate that we educate our Children for kingdom discipleship.

When we talk about the kingdom of God the question comes as to who is Jesus Christ. I'm sure that everyone in this room would acknowledge Jesus Christ as savior but is this where we should start our thinking?

When thinking about Christianity and education I believe we need to start our thinking with the triune God as creator. This should be done in the context of Creation, Fall, Redemption and

Consummation. To get and understanding of this I would strongly recommend that you read and reread the book *Reclaiming the Future of Christian Education: A Transforming Vision* by Albert E. Greene.

Some relevant verses are as follows.

HEB 1:1-3 In the past God spoke to our forefathers through the prophets at many times and in various ways but in these last days he has spoken to us by his Son, whom he appointed heir of all things, and through whom he made the universe The Son is the radiance of God's glory and the exact representation of his being, sustaining all things by his powerful word. After he had provided purification for sins, he sat down at the right hand of the Majesty in heaven.

Hebrews 1:1-3 Notice in the first part Christ as creator and the one who upholds the universe by his "word of power" moment by moment. In other words what you are seeing as you look around you is held in place or existence by Jesus Christ or in other words everything that is studied in the school is responding to Jesus Christ moment by moment. The end of verse 3 then talks about Christ as providing purification for sins. Creation followed by Redemption.

As Creator Jesus is Lord: Romans 10:9-10.
RO 10:9 That if you confess with your mouth, "Jesus is Lord," and believe in your heart that God raised him from the dead, you will be saved. 10 For it is with your heart that you believe and are justified, and it is with your mouth that you confess and are saved.

Also all power and authority are His: Matthew 28:18-20.

MT 28:18 Then Jesus came to them and said, "All authority in heaven and on earth has been given to me. 19 Therefore go and make disciples of all nations, baptizing them in the name of the Father and of the Son and of the Holy Spirit, 20 and teaching them to obey everything I have commanded you. And surely I am with you always, to the very end of the age."

Following from the command in the great commissions to teach all that Christ commanded we need to go to the first command which we have in the Bible in Genesis 1:26-28(See also Psalm 8)

GE 1:26 Then God said, "Let us make man in our image, in our likeness, and let them rule over the fish of the sea and the birds of the air, over the livestock, over all the earth, and over all the creatures that move along the ground."

GE 1:27 So God created man in his own image, in the image of God he created him; male and female he created them.

GE 1:28 God blessed them and said to them, "Be fruitful and increase in number; fill the earth and subdue it. Rule over the fish of the sea and the birds of the air and over every living creature that moves on the ground."

Man is given dominion over the creation as the image of God and told to rule over it and to multiply and fill the earth. This is commonly called the cultural mandate because man is created as a culture former. This is what it means to be human, our job description as persons.

Education is all about the transmission and formation of culture and everyone in the world as a creation of God in His image is involved. All cultures in the world transmit there culture by some type of education (home schooling etc.)

Beginning with the Fall there is a battle going on in the world. On one side are those who are imaging God by developing this world (culture) in accordance with God's laws or norms to God's glory i.e. in faithful response to God. Note that development/creativity takes place in all areas of life, personal, social economic technical etc. Also at the some time people created as the image of God are imaging idols or false gods in rebellion against God under the influence Satan (Ephesians 2:1-2) the father of lies and the destroyer of God's good creation.

EPH 2:1 As for you, you were dead in your transgressions and sins, 2 in which you used to live when you followed the ways of this world and of the ruler of the kingdom of the air, the spirit who is now at work in those who are disobedient.

How these two kingdoms exist together and interact at different levels is not an easy question but everything we do will be influenced by how we view this battle. A classic work on this is *Christ and Culture* by Richard Niebuhr. Also see *The Secular Saints: the Role of the Christian in the Secular World* by Robert E. Webber (Zondervan, 1979). Also it is important to understand common grace and its application. Helpful in this area is *The Calvinist Concept of Culture* by Henry Van Til(Baker Book House, 1972). also *He Shines in all that is Fair* by Richard J. Mouw(Wm. B. Eerdmans, 2002).

Also helpful in this area is the idea of antithesis. Christ claims all areas of life as the one who created them and gives meaning to them, thesis. Also the same area is clamed by those influenced by the evil one, antithesis. There is no neutrality in education it is a battle for peoples lives , minds and culture.

Therefore I would like us to consider looking at Christian schooling as training Christian soldiers who will work to bring every thought capture to Christ. Our weapons are not like that of Islamic jihad but of Truth by Gods word and Spirit. If we are to be a people of truth we need to be schooled in all the ways of God with this world. We also need to take to heart the words of Charles Malik former Lebanese President of the U.N.

"The problem is not only to win souls but to save minds. If you win the whole world and lose the mind of the world, you will soon discover you have not won the world. Indeed it may turn out you have actually lost the world."

Is the Christian community educating Cultural transformers. Do you know anyone who has died in the battle for truth i.e. lost their job etc.

In the United States the Southern Baptist's are the major denomination most faithful in proclaiming that only though Christ can we be saved. when you ride though a town in the South you always see one as more large Baptist Churches. A visiting theologian from England also noted that he saw little cultural impact from these churches. There is good news in that the Southern Baptist leadership is becoming committed to Christian schooling. The question still is though will the total curriculum point to Christ as the Lord and giving of meaning to all of life with its requirement for the reformation of all of culture.

What about us in Korea. How are we schooling our Christian children and young people. Do prayer meetings at college entrance time produce soldier's in Christ's kingdom. Are our sunday schools able to bringing about responsive discipleship in all areas of life and to the truth as it is in Christ?

Note that books on mission are talking about cultural transformation in relation to missions. Two of those highly recommended are.

Transforming Culture: A Challenge for Missions 2nd ed. by Sherwood Lingenfelter(Baker Books, 1998)

Transforming Vision by David Boch(Orbis books).

Korea has around 8000 missionaries and the question is how are they educating their children and what will happen in the area of schooling in the churches they establish.

We have had the spectacle in Africa of Christians from different tribes slaughtering each other by the thousands. Did they get the whole message of Christ and His kingdom. Christs Kingdom transcends tribal ethnic and national boundaries. Are Korean and other missionaries getting out the whole Gospel which requires among other things more Christian schooling than they are getting know. Note the book *Changing the Mind of Missions: Where Have we Gone Wrong* by James F. Engel and William A. Dyrness(Inter Varsity Press, 2000).

Developing Christian Schools. Some programmatic suggestions follow.

1. **Leadership**. Essential is leadership with a clear understanding of what Christian schooling is. The dynamics and motives for starting Christian schools here in Korea varies. Most schools are being

started by churches or individuals with different levels of understanding of what Christian schooling is. Beginning with churches or individuals as the founders is consistent with the general confucian structure of society. This method may work if there is a clear understanding of what Christian schooling is. But if Christian parents don't own the school there are problems from a biblical point of view. See the following.

2. **Parents**. Parents must be educated to the fact that the school is kingdom centered and all areas of life are meant be brought into relationship to Jesus Christ as the one who created and gives meaning to them. Also the school is an extension of the parents responsibility to educate their children in accordance with Deuteronomy 6:4-9.

DT 6:4-7 Hear, O Israel: The Lord our God, the Lord is one. Love the Lord your God with all your heart and with all your soul and with all your strength. These commandments that I give you today are to be upon your hearts. Impress them on your children.

Talk about them when you sit at home and when you walk along the road, when you lie down and when you get up.

Christian parents must taking back from the state the responsibility for the education of their children. By this I mean what is happening in the classroom is their responsibility and they must know what as being taught and how it relates to their Christian vision for their children's education. In most cases this will involve the parents in rethinking who they are as the image of God and their cultural calling. This could result in a reformation of the church. Ideally parents with a clear understanding of Christian education must control/own the educational vision of the school. They are not just buying an education. Note there are generally three types of schools. Parent controlled schools and schools controlled by churches (parochial) or individuals. Parent controlled schools being the most consistent with the teaching of the Bible.

3. **Teachers**. Without teachers who understand what it means to teach within a Christian worldview you don't have a Christian school. The problem is where do you find teacher with experience in teaching within a Christian worldview. I think there are very few. I recently talked with a teacher who had taught for several years in a Christian school and they said they were just beginning to understand the relationship between their Christian faith and what was taught in the classroom with the help of a professor. This in not an easy task anywhere in the world and all schools struggle with it. Therefore the first question that a school must ask is how much money (% of budget) and time they are going to spend in finding and training Christian teachers. Training is a continuous in-service process year by year.

Developing schools, universities, institutes, or groups who will invest money and time in training teachers to teach Christianly is essential. The Christian Parent Controlled Schools in Australia have developed the National Institutes for Christian Education (www.nice.edu.au) to provide up to Masters level training. All those involved in teacher training must work together using the internet and every means possible to gain insights. Building a community of Christian teachers in Christian and public schools who are committed to teaching within a Christian worldview is essential. Also it is essential to develop a community of Christian professors with the same vision who can teach and mentor teachers and the Christian community. These professors have got to be different from the average professor and spend time in the classrooms and in communication with teachers.

4. **Curriculum**. The following proposal is made in light of the fact that a major part of Korean education is driven by the college entrance exams. Also substantial sums of money must be budgeted for curriculum work each year.

    A. Determine what types of content/information and skills are required on the government and Seoul National University examinations. Analyze the proceeding to determine the values and worldview(s) involved in developing the exam. Maintain the above information in handbook form placed on web sites so that it can be easily accessed by all and be continually revised and improved. School leaders and teachers need to become skilled in this type of analysis.

    B. Examine the government approved textbooks for their worldviews and values and two how they are divided into different subject areas. (See the seventh curriculum). Prepare a Christian perspective or perspectives on each subject area with associated learning goals. The results of the work should be maintain in handbooks for each subject on the web in a format that will allow continual improvement and updating. Professors, teachers, school leaders and parents need to work together to accomplish the task. Also essential is developing more and more people capable of continually perform the task.

It should be noted that the Jungqyojo(Teachers union?) has developed textbooks and supplemental readings from their perspective. These materials are the type of thing that we should be doing and we should be in dialogue with them as to their worldview and its outworking in the whole area of education.

C. Based on A and B above start working on ways of teaching the textbooks from within a Christian worldview. The process would include the handbook from "B" above with teachers, school leaders, parents, and professors adding suggestions idea by idea, paragraph by paragraph utilizing the internet to share the insights gained. A person (editor) should be found who will help facilitate the process on the internet and put it together in a handbook on the web. The necessary funding will have to be found. Seminars and groups need to be organized by subject area with seminars held to share insight, resources and to develop critical thinking skills for the work. The preceding can be summarized as teaching for the college entrance exam within a Christian worldview utilizing existing government approved textbooks. It must be kept in mind that questionable worldviews and pedagogy underlay teaching for the exam.

D. Teaching for the college entrance exam without utilizing all government approved textbooks. The material can be organized in holistic ways using an integrated or thematic approach. The approach involves investigating different aspects of a whole and might be illustrated by the difference between eating a piece of cake (Representing the whole) and eating separately the flour and other ingredients (subjects) of the cake. Putting a curriculum together like this and gathering resources to be used requires that teachers in different subject areas work together. Also the school must provide needed support for the work in terms of time, resource persons and funds. See *The Cause of Christian Education: A Practical Guide to Educating Our Young People From a Truly Christian Perspective*. 2nd Ed. by Richard Edlin (NICE, Australia, 1999). Chapter 7 "Foundations for Curriculum in the Christian School " and Chapter 9 "Resource Selection in the Christian School".

E. Rework the whole curriculum from within a Christian worldview. Take into consideration. A above and revise it to coincide with the schools vision statement and delineated tasks. Then follow D above.

F. Develop a matrix for evaluating foreign and Korean developed curriculums(attach example).

G. Read carefully and master the contents of chapters 5, 6 and 7 in *Walking With God in the Classroom* as they are foundational for thinking about Christian curriculum development.

5. **Facilities**. Building space is required and usually is expensive but it not the essence of a Christian school. Education can take place in many places like the home and almost any where. Therefore before spending money on buildings money must be set aside for teacher development and training, curriculum development and parent education. Ask a school how much money is budgeted for these

areas and you will get a good idea of how serious they are in being a truly Christian school.

6. **Home Schooling**. Support the home schooling movement in every way possible.

Attending part of two recent NCD home schooling conferences has shown me that when the radical demands of nurturing and educating children within a biblical worldview are presented to parents they will respond. Home schooling has the advantage in that it requires parents to think through their whole life in the light of the kingdom of God and make adjustments to educate their children in that perspective. As I see it this is a demand on all parents not just people who are thinking about home schooling.

Following are some suggestions for Home Schoolers.

It should be noted that most of the following applies to all parents.

1. Parents start reading their children's textbooks and find out what and how they are learning. Visit the classroom if possible to find out what is going on.
2. Parents start discussing with their children what they are learning and help them develop a Christian worldview in relation to learning and all of life.
3. Participate in and make use of the work to be done in 3. Curriculum above and modify it for use in home schooling.
4. Form networks with others who are home schooling or thinking

about it.

5. Get a web site set up to help people who are home schooling.

6. Serve as a model for Missionary Kid(MK) education.

7. Look at alternatives such as hiring one or more tutors to help a group of home schoolers. Link up with a Christian school where children can take some of the classes and participate in some of the activities.

8. A person or persons is needed to commit full time to Home Schooling development and it would probably be a good exercise to write up a job description for the person even though it would probably continually change and evolve.

9. Get funding for required training, curriculum development, research and evaluation etc.

References: See Appendix B.

Comments on Korean Christian Schooling, Past, and Present, with Proposals for the Future.

Past: Fifteen years ago there was only the mission school mentality with its dualism of a secular education with bible and chapel added. The present Korea Federation of Christian Schools in Korea (website: www.kfcs.or.kr) with over 300 schools represents this type of school and are now talking about schools with value added. Unfortunately most ministers and others see Christian schooling in a similar way. In these schools the chaplains office is the primary representative of Christianity not teachers teaching within a Christian worldview. For these schools to be more than schools with a church in them there is need for a clear understanding of authentic Christian schooling and a major investment funds in training of administrators, teachers and parents.

Present: The problems of education along with cultural change such as the rise of popular youth culture have challenged Christian parents to think more deeply about the education of their children. Coupled with this situation persons like Dr. Kim, Joseph and Dr. Kim, Sun Yo and others have brought clarity to our thinking as to what Christian schooling is. Conferences like this are a good representation of where we are now. Practices represented by this conference must be continued are as follows.

1. **Foundations**. We have learned from Christian in other countries who have struggled with the issues of Christian schooling much longer than we have. The learning has taken place by spending six month or a year learning in other countries. This must continue and be funded. This does not mean that everything from overseas is good. We must learn where the issues are and apply critically what is learned to the Korean context. ACSI and CSI are not the same and there are major difference within them also there is the classical Christian school movement. Study the issues. What is consistent with scripture. Apply it in Korea?

2. **Leadership**. This conference represents leadership. We need more leaders with a clear vision as to what authentic Christian education is and a passion to see it implemented in Korea to the glory of God.

3. **Community of Commitment**. This conference represents a community of those committed to learning about and implementing Christian schooling. Essential to the development of Christian schooling is a community of parents, teachers, professors, churches, institutions with a clear vision and commitment to the task of Christian schooling. I think I must remind you that we don't have a good history here in Korea of cooperation based on a vision of the requirements of the kingdom of God and the rule of Christ. To often it is commitment to persons or organizations. There will be plenty of difference but we have to keep talking, learning and sharing together. There are no perfect Christian schools only those working to be faithful in educating children to be responsive to the kingdom of God. We have got to cooperatively fund community building and cooperative work based on what is most strategic.

4. **Institutions**. It is great to be meeting in Christian university with their blessing but blessing is not enough. Christian universities have got to make major contributions in terms of insight into the nature of authentic Christian schooling in the worldwide context, teacher and administrator education, the development of resources such as textbook and other materials, and work with home schooling parents. If Christian Universities fail in their task of supporting Christian schooling then the development of foundations and institutes is a possibility.

We have a massive job of educating people at all levels as to what the nature and purpose of Christian schooling is and how to implement it. Therefore the following suggestions.

1. Develop reading and study programs or curriculums of study for education student, teacher, parent and pastors who want to think in a systematic way about the philosophy and practice of Christian schooling/education and what it would mean to teach and learn on that basis. There is an urgent need is to empower persons in these groups with different levels of understanding and ability with a concrete vision for education that is Christian and how it can be implemented beginning now.

2. Find people who can lead and or teach the programs and keep a data base of who they are. Continuously identify and train new leaders

3. The reading and study programs must be developed and tested in practice with the results of the field testing utilized to constantly improve the programs and to develop new ones.

4 The programs and curriculums with copies of reading materials and reference books should be put on website(s).

5. Needed are groups/organizations and churches who will carry out the education programs. Also information on where programs are being carried out needs to be maintained.

6. Model teachers, classrooms and schools where the application of the Christian faith in can be observed need to be found and made known. This also applies to homes that are home schooling.

Future. With education one of the most important issues of the day there are tremendous opportunities for the future of Christian schooling. Its advancement will depend on leadership with a clear vision and cooperation which puts the vision of the Kingdom of God in schooling worldwide first.

Appendix

A. Educational Context

1) South Korean population 46,858,000(North Korea 22,080,000)
Protestant 19.6 %, Catholic 6.6%, Buddhist 23.1%, other 4 9.3%
(Confucianism and Shamanism etc.)

2) Student population: Primary 4,02,000, Middle 1,860,000, High
2,071,000

3) Schools
Primary 5,267, Middle 2,731, High 1,957(College preparatory
1,193) (Vocational 764)

4) Teachers-Around 340,000
Primary 140,000, Middle 92,600, High 104,350

5) Students majoring in Education
Education Universities 21,000 (Teachers for grades 1-6) and
General Universities 1,665,000(Teachers for Middle & High
School are part of this number)

6) Around 340 Mission Middle and High Schools

B. Home Schooling: Notes:

1) Biblical foundations for parental responsibility in educating
their children for life in the home and outside needs to be put
into useable form/forms for teaching and seminars

2) Note the following form *Worldwide Guide to Home Schooling*
by Brian D. Ray PhD. Broadman & Holman Publishers, 2002,
Web Site: www.nheri.org(Note Dr. Kim, Sun Yo has spent time
in Dr. Brian Ray's home talking with him and his home-
schooled children.).

a. Homeschooling Teaching Strategies

(1) The Classical Approach

(2) Lifestyle of Learning or Relaxed Homeschooling

(3) Schooling at Home

(4) Structured / Mastery Learning

(5) Unit Studies

(6) Unschooling

(7) Worldview

b. Themes form Relevant Education Research

(1) Teaching Strategies Theory

(2) Tutoring

(3) Active Teaching

(4) Developmentally Appropriate Practice(DAP)

3) Reference List

a. Publications

(1) *Home Schooling the Right Choice* by Christopher Klicka, Revised Edition Broadman and Holman publishers, 2000, Web site: www.hslda.org.

(2) *Christian Home Educators' Curriculum Manual, Elemen-tary Grades* by Cathy Duffy, Grove Publishing, 2000, Website: www.grovepublishing.com(Contains basic infor-mation on how to home school and 200 plus pages of reviews of curriculum materials.)

(3) *Christian Home Educators' Curriculum Manual, Junior/ Senior High.* by Cathy Duffy, Grove Publishing, 2000, Website: www.grovepublishing.com(Contains basic infor-mation on how to home school and 200 plus pages of reviews of curriculum materials.)

b. Web Sites.

(1) The Teaching Home magazine www.teachinghome.com

(2) South Carolina Association of Independent Home Schools www.scaihs.org.

(3) Cornerstone Curriculum Project(Influenced by the thought of Francis Schaeffer): www.cornerstonecurriculum.com

(4) KONOS Curriculum: www.konos.com

c. Catalogs

(1) The Elijah Company Tel. 1-888-235-4524, Crossville Tenn. Web site: www.elijahco.com

(2) Best Picks, Tel. 1-804-288-6402, Richmond, Virginia, Website: www.howtonews.com

(3) Veritas Press, Tel. 1-717-519-1974, Lancaster, Penn. Website: www.veritaspress.com

C. Curriculum Resource

The Dick Staub Interview: Vishal Mangalwadi

The author and lecturer talks about how the Bible shaped India, Western democracy, and his life.(posted 10/22/2002).

Vishal Mangalwadi is an international lecturer, social reformer, and political columnist for The International Indian. He has also written ten books, including *The World of Gurus and India*, The Grand Experiment. His current project is the ambitious *The Book that Shaped a Millennium.*

How did you come to the Christian faith?

It was an immoral struggle as a teenager. I had gone into habit of lying and stealing and felt that this was wrong, but didn' t have enough willpower to get out. The gospel that Jesus can save me from my sin came as a very liberating force.

When I was doing my undergraduate studies in philosophy at the University of Allahabad, India, I began to doubt whether the Bible was God's Word. It was after six months of intense intellectual struggle that I came back to see that Bible was actually God's Word.

What helped you in that struggle?

Well, one critical book was Francis Schaeffer's *Escape from Reason*. I had completed a course in Western philosophy when I began reading it. I realized that philosophers knew that they couldn't know truth. So, unless there is someone who knows it and can reveal it to us, we cannot know.

I went back to seeking whether God actually revealed himself to us in the Bible. Reading First and Second Chronicles, I came back to believe that this is actually God's word.

Why First and Second Chronicles?

I was reading from Genesis on so by the time I came to Chronicles I felt, "Why should I be reading this?" I'm an Indian young man, I don't know enough about Indian history. Why should I be reading this Jewish history? I was getting bored reading about kings long dead and gone.

And then, as I was ready to throw it all away, I realized suddenly that this was very strange history. Indian history is always telling me how good and great and wonderful Indian kings are. This Jewish book is telling me that Jewish kings were rotten. I thought, maybe this is written by priests and they love condemning the current politicians. But then it was actually saying that the whole Jewish religious establishment was rotten to a point that God hated and destroyed his own temple.

The theme kept coming: That God had chosen the Jews to bless all the nations of the earth. If I want to understand why my nation is degenerating and how it can be rebuilt, this book is telling me how and why.

What got me really interested in what I'm doing now was a realization that God had promised Abraham, Isaac, and Jacob that through their descendants, he's willing to bless all the nations of the earth.

So has he blessed India? Has he kept his promise? I started looking around. As I started looking around I saw that the whole educational system, technology, and science in my nation had come from this book.

Talk about *The Book that Shaped a Millennium*, and what the aim and goal of this project is.

In 1994, the Catholic bishops invited a Hindu journalist, who is now a minister in central government, to give a lecture on how a Hindu journalist views Christian missions. His whole family is a product of missionary schools and colleges. The bishops were hoping that he'd commend missions, which they could then use to do more missions.

But he gave a devastating critique of Christian missions. He painted them as a conspiracy of British colonialism, that the British had come and militarily and politically colonized India, and then missionaries were brought in to colonize the Indian mind. He went on to publish his lecture as a book. And then I began responding to him with a series of letters that became a book called, *Missionary Conspiracy: Letters to a Post-Modern Hindu.*

My last letter is called, "The Bible and Civilization in the Second Millennium." In that letter I say to him, "Surely you don't understand what you're doing. You are ridiculing a book that has created modern India and the modern world." As I was writing that letter, I realized that a man who went to the best Christian college in India, came to Syracuse for a Ph.D, worked with World Bank, is the editor in chief of the largest newspaper chain in India, has no idea of what the Bible has done. That is because his professor had no idea of what this book has done in giving birth to modern democracy, modern science, technology, free-market economy, and emancipation of women and slaves.

The project will include a book that I'm writing and a seven-hour or so television program for public channels across the world, an interactive global history website, and radio talks on the subject.

The battle is to restore the Bible as the source of cultural authority. Take for example the 2000 presidential election when Vice President Al Gore conceded to President Bush. He gave a wonderful speech. And one of the things he said was that on the entrance to one of our universities are engraved words, "Not under man, but under God and law."

That was his basis for conceding. Now, if American democracy was Greek democracy, Gore's followers would have killed and fought: "The people have voted for us. People are supreme. People are sovereign. They are the ultimate voice. Therefore, our candidate should rule."

American democracy is not Greek democracy. It's not democracy under men and the citizens, but under God and law. The law was, electoral college decides who is the president. Now, that is not a Greek idea, that's an Old Testament idea of rule by elders. So rule of God, rule of law, rule of elders. Freedom is value. These are biblical ideas, they're not Greek ideas. But most Americans don't know it.

When you look at the overarching issues the world is facing in the 21st century, what are the issues that are of greatest concern to you as a Christian and as a Christian thinker?

Well obviously, one reason for doing this project is that now the world in the West has no final ultimate source of cultural authority with the rejection of the Bible. This means if truth is gone, then force has to replace it. Force has to fill a vacuum.

The whole struggle to build a civilized society is to put might under right. If you don't know what is right, then you have to have a society that is ruled by might-and driven by might. And that's dictatorship. So rejection of truth will lead to totalitarianism, use of force, that you do what I say because I have power.

So either you have a dictator in Singapore who roots out corruption, or you go back to the Protestant civilization where you have people who are living righteously from inside, and you have freedom from corruption and political freedom at the same time. You have individual freedom.

Is the church up to this task?

Not yet. Unfortunately, the church has forgotten.

Social scientists who are studying the phenomenon of corruption, for example, they see that Protestant countries or ex-Protestant countries are the least corrupt countries. There's something in Protestants which has eradicated corruption. But the church doesn't know it.

A Christian publishing house produced a 1,200-page book on Christian worldview, talks about Christian view of everything

including a Christian view of chocolate. It doesn't have a word on a
Christian view of corruption.

And therein lies an ongoing challenge for the church in the West.

＊ 이 글은 기독교대안교육협의회의 〈제 3회 기독교대안교육협의회 세미나〉에서 "기독교 대안학교와
홈 스쿨링: 그 설립과 운영"이라는 주제의 기조강의 원고이다.
□ copyright © *Christianity Today*, 2002.

4. 기독교 대안학교와 홈 스쿨링: 그 설립과 운영

■ 필자: 웨슬리 웬트워스
■ 통역: 김선요(서울여대 교수)

기독교 공동체가 반드시 직면해야 하는 가장 중요한 문제는 어린이를 어떠한 목적과 방법으로 교육하느냐 하는 것이다.

여러 가지 방법으로 교육의 목적을 진술할 수 있고, 기독교 학교의 설립 이념을 검토하면 이에 대한 통찰력을 얻을 수 있을 것이다. 미국의 《크리스천 가정과 기독학교》(*Christian Home & School*)라는 저널에 매 호마다 학교를 위해 이러한 주제를 다루고 있다. 이 저널을 발간하고 있는 "미국기독교학교연맹"의 인터넷 주소(www. CSIonline.org)를 참고하라.

우리는 하나님 나라의 제자도를 위하여 우리의 자녀들을 교육한다고 주장하고 싶다. 우리가 하나님의 왕국에 대해 이야기하고자 한다면, 예수님은 과연 누구인가라는 질문이 먼저 생길 것이다. 나는 여기에 계신 모든 분들이 예수님을 '구세주'로 인식하고 있으리라고 확신하지만, 이러한 질문으로부터 우리의 생각이 출발해야 하지 않을까 생각한다.

우리가 기독교와 교육에 대해서 생각하고자 할 때, 창조자이신 삼위일체 하나님으로부터 출발할 필요가 있다고 믿는다. 이는 창조, 타락, 구속, 재림의 사상을 생각해야 한다. 이것을 이해하고 받아들이기 위해서 여러분께서 알버트 그린(현은자 외 역) 『기독교 세계관으로 가르치기』 (CUP, 2000)라는 책을 읽고 또 읽어보도록 추천한다. 이와 관련된 히브리서에 나와 있는 성경 말씀이다.

> "옛적에 선지자들로 여러 부분과 여러 모양으로 우리 조상에게 말씀하신 하나님이 이 모든 날 마지막에 아들로 우리에게 말씀하셨으니 이 아들을 만유의 후사로 세우시고 또 저로 말미암아 모든 세계를 지으셨느니라. 이는 하나님의 영광의 광채시요 그 본체의 형상이시라 그의 능력의 말씀으로 만물을 붙드시며 죄를 정결케 하는 일을 하시고 높은 곳에 계신 위엄의 우편에 앉으셨느니라."(히 1:1-3)

히브리서 1장 1-3절의 전반부에서 그리스도를 창조주로서, 그리고 "능력의 말씀"으로 매 순간마다 세상을 주관하시는 분임을 알 수 있다. 달리 말하자면, 당신이 바라보는 주변의 모든 것들은 예수님으로 인해 위치하거나 존재하며, 학교에서 공부하는 모든 것들은 매 순간마다 예수 그리스도에게 응답하는 것이다. 3절 끝에는 죄를 정결케 하시는 그리스도에 대해 말하고 있다. 창조가 구속에 의해 이루어졌다.

창조자 예수는 주님이시다.

> "네가 만일 네 입으로 예수를 주로 시인하며 또 하나님께서 그를 죽은 자 가운데서 살리신 것을 네 마음에 믿으면 구원을 얻으리니 사람이 마음으로 믿어 의에 이르고 입으로 시인하여 구원에 이르느니라"(롬 10:9-10)

또한 모든 권세는 그분의 것이다.

"예수께서 나아와 일러 가라사대 하늘과 땅의 모든 권세를 내게 주셨으
니 그러므로 너희는 가서 모든 족속으로 제자를 삼아 아버지와 아들과
성령의 이름으로 세례를 주고 내가 너희에게 분부한 모든 것을 가르쳐
지키게 하라. 볼지어다 내가 세상 끝날 까지 너희와 항상 함께 있으리라
하시니라"(마 28:18-20)

그리스도께서 명령하신 모든 것을 가르치기 위한 대위임령에 이어 우리
는 나타난 첫 번째 명령을 지킬 필요가 있다(또한 시편 8편을 참고하라).

"하나님이 가라사대 우리의 형상을 따라 우리의 모양대로 우리가 사람을
만들고 그로 바다의 고기와 공중의 새와 육축과 온 땅과 땅에 기는 모든
것을 다스리게 하자 하시고 하나님이 자기형상 곧 하나님의 형상대로 사
람을 창조하시되 남자와 여자를 창조하시고 하나님이 그들에게 복을 주
시며 그들에게 이르시되 생육하고 번성하여 땅에 충만하라, 땅을 정복하
라, 바다의 고기와 공중의 새와 땅에 움직이는 모든 생물을 다스리라 하
시니라."(창 1:26-28)

하나님은 당신의 형상으로 지음 받은 인간에게 만물을 지배하며, 이
땅에 생육하고 번성하여 이 땅에 충만할 권리를 위임 하셨다. 이것은 문
화명령으로 일컬어지는데, 그 이유는 인간이 문화를 형성하도록 창조되
었기 때문이다. 이는 인간이란 무엇을 의미하는지 즉, 인간인 우리가 해
야 할 일을 기록한 것이다.

교육은 문화의 전달과 형성에 관한 모든 것이며, 하나님의 형상에 따
라 만들어진 피조물로서 이 세상의 모든 사람들은 이에 관련되어 있다.

이 세상의 문화는 교육의 어떤 형태(홈 스쿨링 등)로 자신들의 문화를 전수시킨다.

인간이 타락하면서 이 세상에는 전쟁이 시작되었다. 한편으로는 하나님의 형상을 닮은 이들이 있다. 그들은 하나님의 영광을 위하여 즉, 하나님께 충실하게 응답하기 위하여 하나님의 법칙과 규범에 따라 세상(문화)을 발전시킨다. 발전과 창조는 삶과 개인, 사회, 경제, 기술 등 모든 분야에서 일어나고 있음을 유념하라. 또 다른 한편으로는 하나님의 형상대로 지음 바 된 사람들이 사탄으로 인해 하나님을 배반하여 우상을 짓고 잘못된 신을 만들기도 한다(엡 2:1-2). 이 사탄은 거짓의 괴수이며, 하나님의 선한 창조를 파괴하는 자이다.

"너희의 허물과 죄로 죽었던 너희를 살리셨도다. 그때에 너희가 그 가운데서 행하여 이 세상 풍속을 좇고 공중의 권세 잡은 자를 따랐으니 곧 지금 불순종의 아들들 가운데서 역사하는 영이라."(엡 2:1)

이 두 왕국이 어떻게 서로 공존하며 다른 수준에서 어떻게 서로 상관하는지에 대한 문제는 대답하기 쉬운 질문은 아니다. 그러나 우리가 행하는 모든 일들은 우리가 이 전쟁을 어떻게 보느냐에 따라 영향을 받을 것이다. 이에 대해서는 리처드 니버(Richard Niebuhr)의 『그리스도와 문화』(*Christ and Culture*)라는 고전을 참고하라. 또한 웨버(Robert E. Webber)의 『세속적 성인들: 세속적 세상 속의 크리스천의 역할』(존더반, 1979)을 참고하기 바란다. 또한 '일반 은총'과 그의 적용을 이해하는 것이 중요하다. 이 분야에 대해 반틸(Henry Van Til)의 『칼빈주의 문화 개념』(베이커, 1972) 이 도움이 될 것이다. 그리고 리처드 마우(Richard J. Nouw)의 『모든 곳에 빛을 비추는 그분은 공명정대하다』(*He Shines in all that is Fair*; 어드만, 2002)를 보기 바란다.

또한 이 방면에 대해서는 변증법의 안티테제(反) 사상이 도움이 될 것이다. 그리스도는 삶의 모든 영역을 요구하시는데, 그 이유는 그분은 그들을 지으시고 의미를 부여하셨기 때문이다(正). 또한 같은 영역이 악령에 의해 영향을 받은 사람들에 의해 요구되어 지기도 한다.(反) 교육에 있어 중립성이란 없으며, 이것은 사람들의 삶과 마음 그리고 문화의 전쟁이다.

따라서 나는 기독교 학교 교육을 바라볼 때 모든 생각을 사로잡아 그리스도에게 매어두는 일을 하게 될 크리스천 용사의 훈련이라고 생각한다. 우리들이 가진 무기는 이슬람의 지하드의 것과 다른, 하나님의 말씀과 성령에 의한 진리의 무기이다. 만약 우리가 진리의 사람이 되고자 한다면 우리는 하나님의 방식대로 이 세상에서 교육을 받아야 한다. 우리는 유엔의 전 레바논 총장이었던 찰스 말리크(Charles Malik)의 말을 명심할 필요가 있다.

"문제는 영적 전쟁에서 승리할 뿐만 아니라, 세상 사람들의 마음을 얻어야 한다는 점이다. 당신이 세상에 대해 승리하고도 이 세상의 마음을 얻지 못하면 당신은 이 세상을 이긴 것이 아니라는 사실을 곧 알게 될 것이다. 그것은 실제로는 당신은 세상을 잃은 것과 결국 마찬가지일 것이다."

기독교 공동체가 문화를 변화시킬 사람으로 가르치고 있는가? 당신은 직업을 잃었다든지 혹은 진리를 위한 싸움을 하다 죽은 사람들 중 어느 누구라도 알고 있는가?

미국 남침례교인들은 우리가 오직 그리스도를 통해서만 구원받을 수 있다고 주장하는 충실한 대표 교단이다. 여러분들이 남부지방을 운전하다보면 어디서나 큰 침례교회들을 보게 될 것이다. 영국에서 온 신학자가 이들 교회로부터 별로 문화적인 영향력을 보지 못했다고 지적한 바 있다.

이러한 남부 침례의 지도자들 가운데서 기독교 학교 교육에 헌신하고자 하는 사람들이 나오기 시작하는 것은 여간 반가운 소식이 아니다. 그러나 문제는 구주 그리스도에 대한 전체 교육 과정의 관점과 문화를 재조직하고자 하는 요건으로서 인생의 의미를 부여하느냐 하는 점이다.

한국에 있는 우리들은 어떤가? 우리는 어떻게 우리의 크리스천 자녀와 어린이들을 학교에서 교육하고 있는가? 대학교 입학을 위한 기도회에서 기독교 왕국의 용사를 배출하기 위해 기도하고 있는가? 우리의 주일학교 교육이 우리 삶의 전체 영역과 그리스도의 진리에 대해 책임 있는 제자도를 가르치고 있다고 생각하는가?

많은 선교 서적들이 문화적 변동 사역에 대해 이야기하고 있음을 주목하라. 꼭 추천하고 싶은 두 권의 책이 있다. 링겐펠터(Sherwood Lingenfelter)의 『문화의 변화: 사역을 위한 도전』(*Transforming Culture: A Challenge for Missions*, 2판; 베이커, 1998)과 보흐(David Boch)의 『비전의 변화』(*Transforming Vision*; 오비스)이다.

한국은 8,000명 가량의 선교사들을 갖고 있다. 문제는 그들이 자녀들을 어떻게 교육하고 있으며, 그들이 세운 교회에서 학교 교육 분야에 있어서 어떤 일이 일어날 것이냐 하는 점이다.

우리는 아프리카에서 서로 다른 부족 출신 크리스천들이 수천 명이나 서로 살해하는 장면들을 목격했다. 그들이 그리스도와 하나님 나라에 대한 전체적인 메시지를 알고 있었을까? 하나님의 왕국은 부족과 국가의 경계를 초월한다. 한국과 다른 나라의 사역자들이 현재 그들이 알고 있는 것이나 다른 무엇보다도 더 많이 기독교 학교 교육을 요구하는 진정한 복음으로부터 멀어지는 것은 아닐까? 엔젤과 다이니스(James F. Engel and William A. Dyrness)의 『사역에 대한 마음의 변화: 어디에서 잘못되어갔는가』(*Change the Mind of Missions: Where have we*

Gone Wrong)(ivp, 2000)를 참조하라.

기독학교를 발전시키기 위한 실제적인 제안

1. 지도력

기독교 교육이 무엇인지 분명하게 이해하는 것은 지도자에게 있어서 매우 중요하다. 한국에서 기독교 학교를 시작하는 힘과 동기는 다양하다. 교회 혹은 개인들이 기독교 학교 교육에 대해 다양한 이해를 갖고 기독교 학교 교육을 시작하였다. 설립자로서 교회, 혹은 개인이 시작한 한국의 기독교 학교는 일반적으로 유교적 사회 구조의 영향을 많이 받았다. 기독교 학교 교육이 무엇인지 분명하게 이해한다면 이러한 방식도 적절할지 모른다. 그러나 만일 크리스천 부모들이 이처럼 학교를 소유하지 않는다면 성경적 관점에서는 다음과 같은 문제가 있다.

2. 부모

학교는 하나님 나라 중심이어야 하고, 삶의 모든 영역은 그들을 창조하고 의미를 부여하신 예수 그리스도와 관련되어 있다는 사실에 대한 부모의 교육이 되어있어야 한다. 신명기 6:4-7 말씀에 의하면, 학교 교육은 자녀를 교육해야 한다는 부모들의 책임의 연장선에 있다.

> "이스라엘아 들으라 우리 하나님 여호와는 오직 하나인 여호와시니 너는 마음을 다하고 성품을 다하고 힘을 다하여 네 하나님 여호와를 사랑하라 오늘날 내가 네게 명하는 이 말씀을 너는 마음에 새기고 네 자녀에게 부지런히 가르치며 집에 앉았을 때에든지 길에 행할 때에든지 누웠을 때에든지 일어날 때에든지 이 말씀을 강론할 것이며"(신 6:4-7)

크리스천 부모들은 자녀들을 교육해야 하는 책임을 국가로부터 되돌려 받아야 한다. 그렇게 함으로써, 교실에서 일어나는 일들은 그들의 책임이며, 그들은 반드시 학교가 무엇을 가르치고 기독교 비전과 그들의 교육이 어떻게 연관 맺고 있는지를 알아야 한다. 대부분의 경우에서 이것은 부모들이 하나님의 형상으로서 그들이 누구인지, 그리고 문화적 소명에 대해서 다시 생각해 보게 된다. 이것은 교회의 개혁을 가져올 수 있다. 이상적으로 말하자면, 기독교 교육에 대해 분명히 이해한 부모들이 학교의 교육에 대한 비전을 통제하고 소유해야 한다. 그들은 단순히 교육을 구매하는 자들이 아니다. 여기에는 세 가지 타입의 학교가 있다. 부모가 관리하는 학교, 교회(교구) 혹은 개인이 관리하는 학교이다. 부모가 관리하는 학교가 성경의 가르침과 가장 일치한다.

3. 교사

기독교적인 세계관 안에서 가르치는 것이 무엇을 의미하는지 제대로 이해하는 교사가 없이는, 기독교 학교를 갖고 있다고 볼 수 없다. 문제는 어디서 기독교 세계관에 입각한 가르침의 경험이 있는 교사를 찾느냐 하는 것이다. 그런 사람은 소수에 불과하다고 본다. 최근 기독학교에서 수년간 교사 생활을 해온 기독교 교사와 대화를 나누어 보았는데, 그들은 이렇게 이야기한다. 그들은 교수의 도움을 받고서야 그들의 신앙과 교실에서 가르치는 것이 관련이 있음을 겨우 이해하기 시작했다고 말했다. 이것은 결코 쉬운 일이 아니며 세계 모든 학교들이 이로 인해 힘들어하고 있다. 따라서 가장 먼저 물어야 할 것은 학교가 돈을 얼마나 쓸 것이며(예산의 몇%) 또한 기독교 교사들을 발견하고, 양성하기 위해 얼마나 많은 시간을 쓰느냐 하는 것이다. 교사 훈련은 매년 계속 자체적으로 이루어져야 한다.

기독교적으로 가르칠 교사들을 훈련시키는데 돈과 시간을 쓰는 학교와 대학, 그리고 기관과 단체를 개발하는 것이 필수적이다. 호주에 있는 크리스천 부모 통제 학교들은 석사 수준의 훈련을 시키기 위하여, 전국기독교훈련원(NICE: National Institute for Christian Education)을 세웠다. 교사 훈련과 관련된 모든 이들은 인터넷을 접속하며 통찰력을 얻을 수 있는 모든 가능한 수단을 동원함으로서 함께 일해야 한다. 사립, 공립학교 내에 기독교 세계관에 입각하여 교육하고자 헌신하는 기독 교사들의 공동체를 구축하는 것이 필요하다. 또한 같은 비전을 갖고, 기독교사들을 양성하며 기독교 사회를 지도할 대학 내에서도 역시 기독교 교수들 간의 공동체를 구축하는 것이 필요하다. 이들 교수들은 일반 교수들과 반드시 달라야 하며, 교사들과 교실에서 시간을 보내고 대화해야 한다.

4. 교과 과정

다음의 제안들은 대부분의 한국 교육이 대학 입시에 주도된다는 사실을 염두에 두고 만들어 보았다. 물론 매년 교과 과정을 위해 충분한 예산을 세워야 한다.

1) 공무원 시험과 서울대학교 입시를 치르기 위해 어떤 형태의 내용/정보 그리고 기능이 요구되는지 생각해 보라. 시험을 출제하는 데에 있어 어떠한 가치와 세계관이 개입되는 과정들을 분석하라. 웹사이트에 이러한 정보들을 핸드북 형태로 올려놓아, 누구든 쉽게 접속할 수 있도록 하고 계속 수정과 업데이트 하라. 학교의 지도자들과 교사들은 이러한 형태의 분석에 익숙해질 필요가 있다.

2) 정부가 승인한 검정 교과서들의 세계관과 가치들이 서로 다른 교과 영역에서는 그들이 어떻게 나누어지는지를 검토하라(7차 교육 과정 참조 바람). 각 교과 영역에 대한 기독교적인 관점을 학습 목표와 함께 준비하라. 이러한 작업의 결과는 웹 상에서 계속적인 개선과 수정을 할 수 있도록 각 교과 영역이 핸드북 형태로 유지되어야 한다. 이와 같은 과제를 완수하기 위해서 교수들과 교사, 학교 지도자, 부모들이 함께 일할 필요가 있다. 또한 보다 많은 사람들이 이러한 과업을 계속적으로 수행할 수 있는 것이 필요하다. 전교조에서 교과서를 개발해서 그들의 관점에 따라 보충 교재를 개발한 점을 참고하기 바란다. 이와 같은 자료들을 우리들이 꼭 만들어야 하고 그들의 세계관에 대해 대화도 나눠야 하며 교육의 전체 영역에 걸쳐 이루어져야 한다.

3) 위의 1)와 2)를 기본으로 기독교 세계관에 입각하여 교과서를 가르쳐 보라. 그 과정은 위에서 이야기한 2)의 핸드북과 함께, 교사, 학교 지도자, 부모, 그리고 교수들이 아이디어별로, 문단별로 인터넷을 활용해서 그들이 얻은 통찰력을 나눌 수 있도록 해야 한다. 인터넷에서 이런 과정이 원활하게 이루어질 수 있도록 돕는 사람(편집자)을 찾고, 웹 상의 핸드북에 넣을 수 있도록 하라. 이 일을 위해서 기금이 필요하다.

세미나나 혹은 그룹이 과목별로 조직되어 통찰력과 자료를 나누고 이 일을 위해서 비판적인 사고 능력을 개발할 수 있도록 해야 한다. 기존의 정부 인정 교과서를 이용하여, 하나님의 세계관 내에서 대학 입시를 위한 교육으로서 요약될 수도 있을 것이다. 의문이 되는 세계관과 교육학이 시험을 위한 교육을 뒷받침하고 있다는 사실을 꼭 유념하기 바란다.

4) 정부가 인정한 교과서를 활용하지 않는 대학 시험 준비 교육.

자료들은 통합되고 주제적 접근 방법을 활용해서 총합적인 방법으로 구성될 수 있다. 그 접근 방법은 전체의 서로 다른 측면을 탐구하는 것이다. 그것은 케이크 한 조각을 먹는가(전체를 나타냄), 케이크의 재료인 밀가루와 다른 재료를 따로 먹는가(과목)의 차이로 비견될 수 있다. 이와 같이 교과 과정을 접목시키고 쓰일 자료를 수집하기 위해서는 각기 다른 교과목에 있는 교사들이 필요하다. 학교도 이 작업을 위한 시간적인 시간, 자원 인사, 기금 등 필요한 재원을 제공해야 한다. 리처드 에들린 (Richard Edlin), 『기독교 교육의 이유: 참 기독교 교육관점에서 우리의 젊은이들을 가르치는 실제적 지침』(NICE, 호주, 1999)의 7장 "기독교 학교의 교육 과정의 기초"와 9장 "기독교 학교의 자원 선택"을 참조하기 바란다.

5) 기독교적 세계관에 입각하여 전체 커리큘럼을 재조직하고 다음 사항을 고려하라. 위의 상기 1)과 이를 수정하여 학교 이념과 이에 관련된 과업과 일치시켜라. 그리고 위의 4)의 절차를 따르라.

6) 한국과 외국의 교육 과정 평가를 위한 표를 만들라.(예시 첨부)

7) 크리스천 교과 개발에 근간이 되는 책 『교실에서 하나님과 동행하십니까?』(IVP) 의 5, 6, 7장을 주의 깊게 읽어보라.

5. 시설

공간을 확보하는 것은 좋지만 일반적으로 매우 비싸므로, 기독 학교에 있어 꼭 필요한 요소는 아니다. 교육이란 가정집을 비롯해 어느 곳에서

든 가능하다. 그러므로 건물을 위한 돈을 들이기 전에 교사 양성과 개발, 커리큘럼 개발과 부모 교육에 투자해야 한다. 이 부분에 관해 학교에 어느 정도의 예산이 책정되어 있는지 알아보면 얼마나 기독 학교에 대해 고심하는지를 알 수 있게 된다.

6. 홈 스쿨링

가능한 모든 방법을 동원해 홈 스쿨링을 지원하라. 나는 최근 두 번의 NCD 홈스쿨링 대회에 참석하며, 성경적 관점에서 자녀들을 양육하고 교육하는 것에 대한 강한 요구가 부모들에게 있다는 사실을 깨닫게 되었다. 홈 스쿨링은 부모들로 하여금 그들의 모든 인생을 하나님 나라의 관점에서 생각하게 하고, 그들의 자녀를 그러한 관점에서 교육시킨다는 장점을 지니고 있다. 이것은 홈 스쿨링을 생각하는 부모들 뿐 아니라, 모든 부모들에게 요구되는 것이라고 생각한다.

홈 스쿨링을 위한 몇 가지의 제안

1. 부모들이 자녀들의 교과서를 읽고, 그들이 무엇을 배우는지를 살펴야 한다. 가능하다면 교실을 방문해 어떤 일이 진행되는지 알아보기 바란다.

2. 부모는 자녀들과 그들이 배우는 것에 대해 토론하고, 교과 과정과 그들의 모든 삶을 기독교적 세계관에서 바라볼 수 있도록 도와 주어야 한다.

3. 교과 과정에서 되어진 작업을 활용하라. 위의 교과 과정을 보고 어떻게 홈 스쿨링에 적용할 수 있을지 생각해 보라.

4. 홈 스쿨링을 생각하거나, 진행중인 이들과 네트워크를 구축하라.

5. 홈 스쿨링을 하는 이들을 돕기 위한 웹사이트를 만들어라.

6. 홈 스쿨링을 도울 수 있는 한두 명 이상의 교사를 고용하는 것에 대해 생각해 보라. 자녀들이 몇 개의 강좌를 듣거나 활동에 참여할 수 있는 기독학교와 결연을 맺도록 하라.

한국의 기독교 학교의 과거와 현재, 그리고 미래에 대한 비전

과거

15년전만 해도 한국에는 미션 스쿨 개념이 지배적이었다고 볼 수 있다. 그것은 세속 교육에 성경과 채플을 추가한 것을 말한다. 현재는 한국 기독교학교연맹(www.kfcs.or.kr) 산하에 300여 기독교 학교가 기독교 세계관에 입각한 학교에 대해서 이야기를 나누고 있다고 본다. 불행하게도 상당히 많은 목사들과 그 밖의 분들이 기독교 교육을 아직도 이러한 미션 스쿨의 개념에서 이해하고 있다. 이들 학교에서는 교목실이 일차적으로 기독교 정신을 나타내는 곳이며, 기독교적인 관점에서 가르치는 교사들은 아니다. 이들 학교가 단순히 교회를 갖고있는 학교 이상의 학교가 되기 위해서는 기독교 학교 교육에 대한 분명한 이해가 필요하고, 행정과 교사, 부모의 훈련을 위한 투자도 필요하다.

현재

대중 문화의 출현과 같은 문화 변동과 함께 교육의 문제는 기독교 학부모들로 하여금 자녀들의 교육에 대해서 보다 깊이 생각하게 만들었다. 이러한 상황과 겹쳐서 김요셉 목사나 김선요 박사, 혹은 다른 분들이 기독학교의 진정한 의미를 정립하려고 노력하고 있다. 이번 세미나와 같은 대회는 우리가 처한 위치를 잘 나타내 주고 있다고 볼 수 있다. 이러한 대회를 위해 몇 가지를 덧붙이고자 한다.

1. 기초

우리들은 지금 우리들이 갖고 있는 것보다 훨씬 오랫동안 기독교 교육의 문제에 관해서 씨름을 한 다른 나라의 크리스천들로부터 여러 가지를 배울 수 있을 것이다. 이를 위해 다른 나라에서 6개월, 혹은 1년씩 머무르며 공부할 수도 있을 것이며, 재정적 지원도 고려 되어야 할 문제 가운데 하나이다. 이것은 외국에서 온 것이 모두 좋다는 것을 의미하는 않는다. 우리는 외국으로부터 문제가 어디서부터 왔고 한국 상황에서는 무엇을 배울 수 있는지를 비판적으로 볼 수 있어야 한다고 생각한다. ACSI, CSI와 같은 조직은 동일하지 않으며 그들 사이에서도 많은 차이점이 있고, 또한 거기에는 고전적인 기독교 학교 운동도 있다. 이러한 문제들을 더 연구해 보기 바란다. 성경의 말씀과 일치되는 것이 무엇이고, 한국에서 어떻게 적용할 것인가.

2. 지도력

참 기독교 교육이 무엇인지에 대한 분명한 비전을 가진 지도자가 더욱 필요하고, 하나님 나라의 영광을 위해서 그것을 한국에 실천하고자 하는 열정이 요구된다.

3. 헌신하는 공동체

이 대회는 기독교 교육을 실천하고 수행하고 학습하는데 헌신하고자 하는 공동체이다. 기독교 학교 교육을 개발하는 데에는 분명한 기독교 비전과 헌신을 갖춘 학부모, 교사, 교수, 교회, 기관 등이 절대적으로 필

요하다. 내 생각에는 한국에서 하나님 나라를 위한 비전과 그리스도의
규범에 입각한 협력의 본보기가 미흡하다. 그것은 개인이나 조직에 있어
서 헌신을 말한다. 서로간에 많은 차이가 있더라도 우리는 대화와 배움
과 나눔을 계속해야 한다. 완벽한 기독교 학교란 없으며 단지 자녀를 교
육함에 있어서 하나님 나라에 대한 응답으로써 자녀를 신실하게 교육하
는 것이 있을 뿐이다. 우리는 협동해서 공동체를 이루고, 무엇이 전략적
인지를 파악하여 협동적인 과업을 위한 지원을 아끼지 말아야 한다.

3. 기관

기독교 학교에서 모임을 갖는 것은 분명히 축복임에 틀림없지만, 그것
이 모두는 아니다. 기독교 대학은 세계적 상황에서 참 기독교 교육의 성
격에 대한 통찰과 교사, 행정과 교육, 교과서나 다른 교재 개발, 홈 스쿨
링 부모들과 함께 일함으로써 더 많은 기여를 할 수 있어야 한다. 만일
기독교 대학이 기독교 학교 교육을 지원하는 데에 소홀히 한다면, 이를
대행할 수 있는 그러한 재단이나 기관을 고려해 볼 수 있을 것이다.

우리는 기독교 학교 교육의 성격과 목적, 그리고 그것이 어떻게 수행
되는지에 대해 여러 차원에서 사람들을 교육시켜야 할 막중한 임무를 갖
고 있다. 따라서 이를 위한 제언을 다음과 같이 드리고자 한다.

1. 기독교 교육의 철학과 실천에 관해서 체계적인 방법으로 사고하기
를 원하는 교육 관련 대학의 학생, 교사, 학부모 그리고 목사님들의 연구
과정이나, 독서 과정, 교재를 개발하라. 그들로 하여금 기독교 학교와 교
육의 철학과 실천에 대해, 체계적으로 생각하고 그것이 무엇을 의미하는
지 그 근거에 대해 생각할 수 있도록 하라.

2. 교육 과정을 이끌고 가르칠 수 있는 사람들을 찾고 그들이 누구인지 데이터 베이스를 구축하라. 계속적으로 새로운 지도자들을 찾고 양성하라.

3. 독서와 연구 과정을 개발해야만 하고, 실제 상황에서 검증되어 그 프로그램을 꾸준하게 개선하고 새로운 것을 개발할 수 있도록 활용되어야 한다.

4. 프로그램과 교육 과정, 읽어야 할 자료, 참고 문헌 등을 웹사이트에 올려놓으라.

5. 교육 프로그램을 수행하고자 하는 그룹들/조직과 교회 등이 필요하다. 또한 프로그램이 어디에서 수행되고 있는지에 대한 정보가 계속 제공되어야 한다.

6. 어디에서 모범적인 교사, 수업과 학교들 있는지에 대해 알 수 있어야 한다. 그것은 홈 스쿨링을 하는 가정에서도 역시 마찬가지이다.

미래

오늘날 가장 중요한 문제인 교육에 비추어 볼 때 기독교 학교 교육의 미래는 창창하다. 뚜렷한 비전과 그 하나님 나라에 대한 비전을 최우선으로 여기는 지도력에 의해 그 미래는 달려 있다.

※ 이 글은 기독교대안교육협의회의 〈제 3회 기독교대안교육협의회 세미나〉에서 "기독교 대안학교와 홈 스쿨링: 그 설립과 운영"이라는 주제의 기조강의 원고를 번역한 것이다.

나는 쇠하고 오직 그리스도만

1. 한국 사람보다 더 한국을 사랑하는 사람

■ 손봉호(한성대 이사장)

내가 웨슬리 웬트워즈 씨를 만난 것은 1971년 네덜란드에서 학위 논문을 쓰고 있을 때라 기억한다. 한국에서 소개받았다 하면서 어떤 미국인이 브뤄클린이란 조그만 도시에서 살고 있던 우리 집으로 찾아온 것이다. 한국에서 일하는 미국인을 유럽에서 만났으니 특이한 만남이 아닐 수 없었다. 그러나 그때나 지금이나 한결 같이 그의 관심은 한국에 있었고 한국 기독교계의 개혁주의적 세계관이었다. 그런 세계관을 줄곧 가르치는 웨스트민스터 신학교를 졸업하고 그런 가르침의 본거지였던 그 때의 네덜란드 자유대학에서 학위 논문을 쓰고 있는 나와는 죽이 맞을 수밖에 없었다. 그래서 귀국한 이후로 오늘날까지 비교적 허물없이 만나고 대화한다.

어떻게 하다가 나는 그를 "웨슬리"라 부르고, 그는 나를 "닥터 손"이라 부른다. 사실 그가 나보다 나이가 많기 때문에 내가 그를 "미스터 웬트워스"라 부르고 그는 나를 "봉호"라 불러야 예의에 맞을 텐데 지금 우리의 호칭은 미국식도, 한국식도 아닌 뒤죽박죽 식이 되고 말았다. 그래서 요즘은 예의를 좀 지키느라고 가능하면 그의 이름을 부르려 하지 않는다. 세삼스레 "미스터 웬트워스!" 하면 그가 놀랄 것 같기도 하고.

우리가 아직 젊어서 손님 모시는 것이 힘들지 않았을 때는 우리 집에 가끔 초청하기도 했으나, 요즘은 그렇게 하지 못해서 우리 부부는 매우 미안하게 생각한다. 그가 헌차라도 끌고 다닐 때는 힘들지 않게 오시라 할 수 있는데, 요즘은 그런 차도 타고 다니지 않기 때문에 오시라고 하기가 미안하기도 하다. 왠지 우리 부부는 그에게 많은 빚을 진 느낌을 갖고 있다. 물론 좋은 책 몇 권 공짜로 받은 일은 있지만, 그 보다는 역시 도덕적으로 그에게 떳떳하지 못하다는 느낌을 갖고 있기 때문일 것이다. 그가 우리에게 보인 삶의 모습이 우리를 부끄럽게 하고, 그가 한국과 한국 기독교 지성계를 위하여 바친 희생에 대해서 우리가 충분히 보답하지 못하고 있다는 죄책감 때문일 것이다. 그리고 무엇보다도 그가 나에게 바라는 것에 대해서 내가 충분히 부응하지 못하고 있다는 느낌도 거기에 한 몫 하고 있다.

웨슬리는 대부분의 한국 사람보다 한국을 더 사랑하고, 정말 사랑해야 하는 방법으로 사랑하는데 있어서는 그를 따를 한국 사람이 그렇게 많지 않을 것이다. 한국 기독교가 제대로 서야 한국 사회가 제대로 발전할 것이고, 한국 기독교가 제대로 서려면 개혁주의적 세계관이 확산되어야 하고, 그것이 가능하려면 기독교 교육이 개혁주의적으로 이뤄져야 한다는 것이 그의 한국 사랑 논리다. 그런 논리를 시종일관 유지하면서 그는 식을 줄 모르는 정열로 이에 도움이 되는 책을 구입하여 소개하고 전 세계를 누비며 이에 도움이 될 만한 사람을 찾아다닌다. 그가 미군부대에서 토목 기사로 일한 것은 단순히 생존하기 위한 것이고 그의 주업은 기독교 세계관을 한국 기독교계에 심는 것이었다. 기독교 세계관이란 어느 정도의 지식이 있는 사람이라야 이해할 수 있는 것이므로 그는 주로 기독교 학자들을 많이 만날 수밖에 없었고, 그 덕으로 한국의 기독교 지성인들이 서로 만날 수 있게 되었다. 사실 기독교학문연구회, 기독교경영연구원 같은 단체는 웨슬리가 아니었다면 불가능했을지도 모른다.

그의 사명감과 헌신을 더욱 빛나게 하는 것은 그의 검소한 삶이다. 본래 검소했는지는 모르지만 한국이 아주 못 살았을 때 이 나라에 왔기 때문에 우리와 같이 어려움을 겪기 위하여 그는 매우 가난하게 생활했지 않나 한다. 그 동안 한국인의 삶은 상당할 정도로 풍족해졌으나 그의 삶은 처음 그대로 가난하다. 사실 나는 별로 정이 없는 사람이라 그가 어떻게 살고 있는가를 가 보아야 하는데 아직까지 그렇게 하지 못했다. 그러나 그가 얼마나 검소하게 사는가를 추측하는 것은 그렇게 어렵지 않다. 그는 언젠가 빵과 물만 있으면 그만이지 그 외에 무엇이 더 필요한가 하고 말한 것을 기억한다. 초청을 받아도 좋은 음식에 전혀 관심이 없고 옷에 대해서는 거의 신경을 쓰지 않는 것 같다.

그의 검소한 삶은 단순히 돈이 없거나 돈을 아끼기 위한 것이 아니다. 괜찮은 직장도 있었고 결혼도 하지 않기 때문에 돈이 많이 필요하지도 않을 것이다. 그는 가난하게 사는 것 그 자체가 옳고 도덕적이라고 믿고 있다. 그가 미국을 싫어하는 가장 중요한 이유도 물질주의 문화 때문이고, 최근에 한국에 대해서도 조금씩 실망하는 것도 역시 천박한 물질주의가 판을 치기 때문이다. 그는 언젠가 지나가는 말로 할 수만 있다면 아프리카의 어느 가난한 나라에 가고 싶다고 했다.

그는 에너지 절약에도 관심이 많아 우리가 1975년에 집을 신축할 때 그는 벽을 두껍게 하고 단열을 잘 하라고 강력하게 충고해 주었다. 그 충고 대로 집을 짓느라고 건축비를 많이 들였고, 집을 팔려해도 그 단열시설의 가치를 인정해 주는 사람이 없어 28년 간이나 눌러 살 수밖에 없었다. 그러나 그 덕으로 겨울에 외풍 없이 지났고 난방비도 많이 절감할 수 있었다. 최근에 새 집을 지으면서도 에너지 절약을 최우선 순위로 한 것도 웨슬리의 유산이라 할 수 있다.

마치 청소년처럼 정열적으로 뛰어 다니던 웨슬리가 벌써 일흔이라니 믿어지지가 않는다. 그러나 나이는 속일 수 없는 모양이다. 몇 년 전에 전립선암으로 수술을 받았을 때 많이 걱정했는데 하나님 은혜로 완쾌되어 감사하지만, 요즘 그의 허리가 조금씩 구부러지는 것을 보면 좀 슬퍼진다. 자기가 늙으면 자기보다 자기가 친한 사람이 늙는 것이 더 쓸쓸해지는 모양이다. 그러나 젊은 사람들 가운데 사춘기적 반미감정이 조금씩 일어나고 있는 한국에서 그래도 대부분의 개혁주의 성향의 젊은 학자들이 그를 진심으로 사랑하고 존경하는 것을 보면 하나님에게 진실로 신실한 사람은 세상에서도 천대받지 않는다는 것을 알 수 있다. 우리 하나님께서 그에게 이렇게 신실한 종이 계속 왕성하게 활동할 수 있도록 건강을 허락하시기를 기도한다.

2. 봇짐 하나뿐인 한국판 사도 바울

■ 김정환(전 연세대학교 생명공학과 교수)

흘러가는 물에 빵 던지는 자세로

내가 원 형제와 오랜 동안 교제하고
가까이 지내면서, 만날 때마다 또 초대해서 같이 지낼 때마다 항상 부끄
러운 게 있다. 오늘날 한국이나 미국 등 현대에서 볼 수 없는 성인(聖人)
과 같은 생활을 직접 하는 것을 볼 때 너무나 나 자신이 부족하다는 것을
느낄 수 있었고, 또 한편으로는 내게 많은 도전을 주었기 때문이다.

오늘 웨슬리 형제를 위해서 성경 말씀 중 전도서 11장을 읽어 보았다.
이 말씀을 보면서 웨슬리를 생각했는데, 사실 웨슬리가 하는 일을 보면
흘러가는 물에다 빵을 던지는 그런 자세로 살고 있음을 알 수 있다. 그
빵을 물고기가 먹을지 아니면 그냥 흘러서 바다로 흘러갈지 모르는데도
계속 빵을 강에다 던지는 삶을 산다. 그리고 그는 항상 어떤 결과를 미리
예측하고 하는 것이 아니라 기회가 있을 때마다 어떤 때는 마음이 어색
한 그런 곳에서라도 자기가 해야 할 일을 한다. 웨슬리는 말도 참 어눌하
다. 그래서 직접 책을 많이 읽고 남에게 전하기보다는 어느 사람에게 무

슨 책이 필요하다는 것을 미리 알아서 그 사람에게 꼭 적합한 책을 권함으로써 자기가 직접 하는 것보다 더 효율적으로 많은 복음을 전하기도 한다.

특별히 웨슬리는 한국에서도 기독교적 학문 운동과 문서 선교 운동을 처음으로 시작한, 정말 시대를 앞서서 예언자적인 사명을 감당하는 그런 사람이다. 하나님이 보내 주신 사람이라 생각한다. 항상 이사할 때 보면 봇짐 하나밖에 없고 전 재산이라 할 수 있는 책은 친구집에 맡겨둔다. 정말 자기 소유가 없는 그런 삶을 살아왔다.

웨슬리의 방엔 곰팡이도 안 핀다

나는 웨슬리의 제자이면서 학생인데 나도 이런 경험을 했다. 내가 아무것도 모르는 상태에서 웨슬리가 나한테 책을 건네준 경우 말이다. 그때에는 '이것은 내게 별로 쓸데없는 책인데' 하고 구석에 던져놓았는데 한 달 후가 되면 꼭 그 책을 읽어야 할 상황이 생겼다. 그것을 읽고 글을 쓰든지 말을 전해야 하는 그런 상황이 생겼다. 그래서 나는 '웨슬리가 어떻게 이것을 미리 알고 내게 이 책을 주었나?' 하는 생각을 하곤 했다. 정말 성령이 충만하고 하나님의 사람인 것을 느낀다. 어떻게 그렇게 정확하게 필요를 알고 책을 주는지 말이다.

그리고 10년 전 웨슬리의 환갑을 기념하는 모임에 참석하기 위해 넥타이를 매면서 상상을 해보았다. '틀림없이 웨슬리는 오늘 밤에 넥타이도 안 매고 그냥 올 거다. 그렇지만 나는 매고 가야지.' 나 혼자 상상하고 웃었다.

웨슬리는 기회가 있으면 여러 군데 씨를 뿌려놓는 사람이다. 그러면 그 중에 혹 한 톨은 싹을 틔우고 정말 성장해서 하나님의 복음을 전하는 사람이 된다. 그런 면에서 웨슬리는 '현대판 사도 바울'이라고 생각한다. 결혼도 하지 않았고 또 텐트 메이커가 아닌가.

그런 웨슬리를 하나님께서 정말로 보호해 주시는 것 같다. 웨슬리가 한번은 우리 집에서 같이 기거한 적이 있었다. 그런데 웨슬리가 사다놓은 빵은 한 5일이 되어도 곰팡이가 안 피는데 우리가 사다 놓은 것은 3일이면 곰팡이가 피는 것이다. 그래서 내가 우리 아내한테 "이것 보라, 틀림없이 하나님께서 보호하신다."고 말했다. 웨슬리는 아무데서나 물을 마신다. 수돗물이면 다 마신다. 그런데 아무 음식이나 먹어도 배탈이 나지 않는다. 또 한번은 1990년 이전에 내가 휴스턴에 가 있을 때가 있었다. 웨슬리가 그때 동부에서 차를 몰고 휴스턴까지 왔다. 그런데 나는 바깥에 나가서 웨슬리의 차를 보고 깜짝 놀랐다. 어떻게 이런 차를 가지고 미국 대륙을 횡단할 수 있는지 의문이었다. 짐이라고는 봇짐 하나밖에 없고.

이젠 미국이 더 불편한 사람

'웨슬리는 한국 그리스도인들의 눈을 뜨게 하는 데 많은 도움을 주었던 사람'이라고 말해도 좋을 듯하다. '오로지 교회에 가서 예배드리고 하나님 믿으면 천국 간다.'는 생각만이 가득 차 있을 때, '우리가 정말 예수님을 믿고 하나님의 자녀가 되었으면 이 세상의 청지기로서 세상을 잘 바꾸고 다스려야 한다.'는 것을 일깨워주었기 때문이다. 전국적으로 기학연 모임을 통해 그 제자들이 웨슬리의 영향을 입어 우리 사회를 개혁하고자 했고, 우리가 정말 하나님의 아들로서 세상의 빛과 소금이 되어 세상 사람들을 구하고자 했다. 바로 그런 산 증인들이 많이 있었기에 그동안 웨슬리가 뿌린 강에다 던진 빵조각들이 그저 바다로 떠내려가는 것이 아니라 그중에 몇 개는 정말 양식이 되어서 많은 생명을 살게 하고 영생하게 했다는 것을 느낀다.

정말 세월이 가는 것이 아깝지만 벌써 웨슬리의 나이 일흔이 되었다.

내가 미국에서 웨슬리를 가만히 보니까 웨슬리의 모국은 미국이 아닌 것 같다. 웨슬리에게는 한국이 더 편한 것 같다. 너무 오래 한국에서 살았기 때문에 미국에서 사는 것이 굉장히 불편한 사람이 되어버린 것이다. 그래서 웨슬리가 앞으로의 여생을 한국에서 잘 보낼 수 있도록 우리가 힘을 합하여 같이 동행하는 동역자들이 될 수 있길 바란다.

＊ 이 글은 인터뷰에 의해 구어체로 소개된 기사였는데, 이 책을 편집하면서 문어체로 다시 정리했음을 밝힌다.
□ copyright © 《빛과소금》, 1994

3. 그는 진짜 기독교인이다

■ 양승훈(밴쿠버기독교세계관대학원 원장)

내가 원이삼 선교사를 처음 알게 된 것은 1981년 한국창조과학회의 일을 같이 하면서부터였다. 창조과학회에서 집회를 가질 때면 언제나 선교사님은 집회장 밖에서 사람들에게 책을 소개하며 팔곤 했다. 집회장 안에 있는 사람들조차 추워서 벌벌 떠는 경우에도 변함없이 선교사님은 현관에 서서 별로 찾는 사람도 없는 책들을 펼쳐 놓고 한심한 책장사를 계속했다. 처음에는 어지간히 돈이 없는 사람인가보다 하고 생각했는데 시간이 지남에 따라 나는 이 책장수가 보통 장사꾼이 아님을 조금씩 깨닫게 되었다. 그러다가 원이삼 선교사님과는 내가 창조과학회의 스텝이 되면서부터 조금씩 개인적인 교제를 나누게 되었다.

선교사님과 점차 가까워지자 내게는 매우 귀찮은 일이 생겼다. 한국과학기술원(KAIST) 박사과정 학생으로서 전공하는 반도체 물리학 분야에 쏟아져 나오는 논문도 다 못 읽고 쩔쩔매고 있었던 내게 선교사님은 만날 적마다 전공 분야의 글도 아닌 이상한(?) 분야의 논문이나 책을 건네

주면서 읽어보라고 권하는 게 아닌가. 처음에는 거저 주는 것이니 거절할 수 없어서 건성으로 고맙다고 인사하며 받아 두었다. 그러나 거저 받는 것도 한계가 있지 자꾸만 주니 읽지도 않고 책상머리에 쌓아두는 논문이나 책들이 내게는 커다란 부담이 되었다.

그런데 설상가상으로 어느 날 선교사님은 본인이 준 자료들을 함께 공부할 생각이 없느냐고 물으셨다. 물론 나는 일언지하에 거절했다. 시간이 없다는 이유 때문이었다. 그렇지 않아도 학교 공부 외에 창조과학회 일과 KAIST교회의 일이 바빠 박사 과정에 있는 동안에 테니스까지 포기하고 있는 판인데 별 흥미도 없는 것들을 매주 공부하자고 하니 거절하는 것이 당연했다. 그런데 이러한 나의 단호한 거절에도 불구하고 선교사님은 지근덕거리는 은사를 받았는지 만날 때마다 같이 공부하자고 조르셨다. 나중에는 하도 귀찮아서 선교사님이 주신 자료들에 대해 솔직한 나의 심정을 얘기했다. 그 선교사님이 준 자료들은 세계관에 관한 것들로 시작하여 그리스도인으로서 과학 기술을 어떻게 평가해야 하며, 무엇이 성경적인 과학관, 학문관인가 하는 따위의 것들이 대부분이었다. 그러나 그러한 것들이 내겐 등 따습고 배부른 사람들의 지적 도락인 것처럼 보인다고 노골적으로 말했다.

소강상태를 보이던 선교사님의 지근덕병이 재발한 것은 1982년 12월, 박사학위 논문 심사를 마치고부터였다. 논문 심사가 끝났으니 이젠 핑계거리가 없겠지 하는 속셈이었을 것이다. 사실 나는 논문도 논문이려니와 선교사님의 정성이 너무도 지극하여 그때까지의 은혜나 갚을 양으로 선교사님과 공부를 해 주기로 약속했다.

12월 중순이 지난 어느 추운 날 KAIST 교회의 몇몇 형제들을 모아 은혜 갚기 위한 공부를 처음으로 시작했다. 처음 공부한 것은 어느 화란 철학자가 쓴 '과학에 대한 기독교적 접근' 이라는 40페이지 가량의 영어 소책자였다. 이 책자는 선교사님이 벌써 여러 달 전에 준 것이었지만 제목만 읽어보았을 뿐, 한 번도 들춰보지 않은 것이었다. 이 소책자를 읽어나가는 동안 나는 눈에서 비늘이 벗겨지고 있음을 느꼈다. 그때까지 과학을 가치중립적인 것으로 보고 과학의 발달만이 인류의 당면한 문제를 해결해 줄 것으로 막연히 기대해 왔던 자신이 얼마나 어리석었는가를 뼈저리게 깨달았다.

진보와 빈곤으로 특징 지워지는 현대 기술 문명의 이면에 도사리고 있는 우상화된 기술 이데올로기는 성경이 보여 주는 과학 기술에 대한 청지기적 관리 차원을 넘어 시날 평지에 세워진 거대한 현대판 바벨탑을 형성하여 하나님을 대적하고 있음을 보게 되었다. 과학 기술에 대한 절대적인 신뢰는 산천초목이나 일월성신을 두고 행하던 우상숭배와 본질상 하등의 차이가 없음을 알았다. 기독 신자들, 특히 기독 과학자들은 가장 높은 곳에 올라 지극히 높은 자와 비기려고 하는 우상화된 과학 기술을 본래의 위치로 끌어내려 하나님의 피조 세계를 말씀대로 다스리는 데에 사용함으로 하나님께는 영광이요, 인류 사회에서는 사랑의 봉사를 하도록 해야 할 책임이 있음도 통감했다. 그때까지 마음속의 큰 편견이 나로 하여금 큰 무식의 상태에 있게 했고 무식하니 더욱 더 큰 편견이 생겨 무식을 가속시켜 왔음을 고백하게 되었다.

대학 1학년 때 예수님을 개인의 구주로 공식 시인했지만 4대째 예수 믿는 집안에서 태어난 죄로(?) 잠 못 이루는 짜릿한 중생의 기쁨을 체험하지 못했던 것을 못내 아쉬워했던 내게 원이삼 선교사님을 통한 새로운 세계의 소개는 잠을 설칠 만큼 충분히 흥분되는 사건이었다. 그제야 비로소 한국 사회에서 책장사에 대한 따가운 눈총을 아랑곳 않고 추우나 더우나 책이 팔릴 만한 모임이 있는 곳이면 무거운 책을 들고 충성스럽게 쫓아다니는 선교사님의 정성을 이해하게 되었다.

원이삼 선교사님은 미국인으로 원래 이름은 웨슬리 웬트워스이다. 나이
는 나보다 15,6세 위이지만 장유유서를 별로 따지지 않는 서구식 습속 때
문인지 선교사님은 그냥 웨슬리라고 불러주는 것을 좋아한다. 우리는 선
교사님이 결혼을 못한 게 아니냐고 핀잔을 주지만 선교사님은 결혼을 안
한 것이라고 강변하신다. 노부모님 모시는 문제 등으로 1984년 말 미국으
로 귀국할 때까지 선교사님은 만 19년을 한국에 머물면서 가장 훌륭한 평
신도 선교사의 모범을 보이셨다. 미네소타대학에서 토목공학 석사과정을
마치고 기도하면서 본인의 선교지를 한국으로 선택한 선교사님은 청계 하
수처리 용역을 맡고 있는 미국인 회사에서 하수의 위생 처리를 담당하는
선임 기술자로 근무했었다. 근무 시간 외에는 한국의 기독 대학생, 대학원
생, 교수들을 찾아다니며 기독교 세계관에 기초한 학문 연구의 중요성을
역설하면서 이것을 위해 논문을 복사해 주고 책을 주셨다.

선교사님은 책을 판다고 하지만 책을 주고 돈을 받지 않는 일이 허다
하기 때문에 내가 보기에는 선교사님 월급으로 책을 사서 그냥 배부하는
것 같았다. 선교사님의 검소한 생활은 절제상의 모범이라고 할 만하다.
미국에 비해 물가가 몇 분의 일 밖에 안 되는 한국에서 연봉 3만 달러 정
도를 받으면서도 선교사님의 생활은 월 30만 원도 채 못 받는 사람의 수
준이었다. 선교사님이 기거하던 단칸 하숙방은 가뜩이나 작은데다 그나
마도 벽에는 책으로 꽉 차 있어 두 사람 눕기가 불편할 정도였다. 또한
선교사님은 당시 자기 차를 4백 달러(약 32만 원)짜리 똥차라고 부르는
데 내가 보기에는 40달러짜리 폐차에 불과했다. 언젠가 선교사님과 같
은 방에서 며칠 지낸 적이 있었는데 낡은 내의를 보고 놀랐었다. 입고 있
는 런닝 셔츠 등에 큼직한 구멍들이 불규칙하게 나 있는 게 아닌가.

그뿐 아니었다. 19년 동안 한국에서 주말도, 휴일도 없이, 받은 월급
다 털어 나 같은 고집쟁이를 따라다니며 주의 나라를 위해 위하도록 권

면하고 가르친 후 미국으로 돌아갈 때 선교사님은 50만 원 내외의 비행기 값을 걱정할 정도였다. 전임 선교사로 파송되어 그 정도 일했다면 성대한 환송을 받았을 텐데 선교사님은 모든 환송 행사를 하늘 나라에 예치하는 것으로 기쁨을 삼은 듯했다. 뿐만 아니라 선교사님이 한국에서 20여 년간 일하여 번 돈으로 사 모은 책은 가히 작은 도서실을 꾸밀 정도였으나 미국으로 돌아가는 선교사님의 마음속에는 어떻게 하면 남겨 두는 자기 책들을 한국의 형제자매들이 많이 이용하게 할 수 있을까 하는 생각뿐이었다. 주위 형제들에게 선교사님 책들을 잘 관리하여 많은 사람들이 이용할 수 있게 해 달라고 한 간절한 선교사님의 부탁은 우리 모두의 눈시울을 뜨겁게 했다.

오래 전, 한 해 동안은 미국 시카고대학에서 연구할 기회가 있었는데 이 기간에 선교사님과 교제하면서 미국에서 선교사님의 사역을 알게 되었다. 한국에서 많은 고생을 했으니 미국에서는 좀 편안히 지낼 것이라는 기대와는 반대로 그곳에서는 더 열심히 한국 학생들을 위해 일하고 있었다. 넓고 넓은 미국의 각 대학을 돌아다니며 한국인 기독 유학생들을 권하여 기독교 세계관에 기초한 학문 연구의 필요성을 역설하고 이들이 공부할 수 있는 자료들을 주며 이것에 관심 있는 사람들끼리 만날 수 있도록 주소록을 만들어 배부하는 것 등이었다. 선교사님의 사역을 들으면서 미국 사람으로서 한국 사람인 나보다도 더 한국에 대한 애착과 비전을 갖는데 대해 부끄러운 마음조차 들었다.

때때로 선교사님은 사정이 허락하면 한국으로 다시 돌아가서 한국 학생들을 위해 일하고 싶다는 간절한 소망을 얘기하곤 하더니만 끝내는 소망을 이루어 얼마 전 아무도 모르게 혼자 한국에 와서 K교수님 댁에서 다시 정처 없는 하숙 생활을 시작했다. 선교사님을 생각할 때마다 선교사님을 한국에 끈끈히 매어주는 원동력이 무엇일까를 생각해 보며 그리스도의 짙은 사랑을 느낀다. 비록 선교사님이 한국말에 능하지 않아 영어로 얘기를 해야 하지만 선교사님의 마음을 아는 데는 긴 말이 필요치 않았다. 선교사님과는 영어로 얘기하는 게 아니라 사랑이라는 천국 방언으로 교제하기 때문이다.

대학에 근무하기 시작하면서 선교사님에게 진 사랑의 빚을 생각하니 도저히 그냥 있을 수가 없어서 두 가지 일을 시작했다. 하나는 책장사이고 하나는 성경적 학문 연구를 위한 연구회였다. 선교사님을 통해 좋은 책을 사서 읽게 하는 것은 최선의 선교라는 확신을 가지게 되었기 때문에 나도 강연을 다닐 때마다 꼭 판매용 책을 갖고 다닌다. 강연한 후에 강사가 청중들에게 책 선전을 하면 강사는 물론 강연에 대한 이미지까지 버려질지도 모른다는 불안감이 없지는 않으나 선교사님은 이러한 방법을 통해 내게 그리스도 안에 있는 풍성한 삶의 새로운 장을 열어준 것이다. 나의 실험실 일부에 책장을 들여 놓고 책이나 카세트 등을 대출해 주기도 하고 판매도 하는데 많은 학생들이 도움을 받았다. 4년 동안 주머니돈을 털며 적자 운영을 했는데 현재는 약간의 흑자로 돌아서게 되어 좀더 본격적인 책방사역을 기획하고 있다. 기독교 세계관에 기초한 학문 연구를 위해 시작한 연구회는 경북대에서만 네 개의 그룹이 매주 모이고 있고 전국적으로 아홉 개의 그룹이 '기독교대학 학문연구회' 라는 이름으로 모이고 있다.

선교사님이 탐탁치 않게 생각할 줄 뻔히 알면서도 이 글을 쓰는 것은 선교사님을 위해서가 아니라 선교사님을 통해 한국 교회가 배워야 할 바가 있다고 생각하기 때문이다. 생색풍조, 배금사상, 교만, 부정직, 불성실, 천박, 사치, 허영에 휘말려 있는 교회나 개인은 원이삼 선교사님에게 배워야 할 것이다. 철저하게 나그네와 행인같이, 외국인으로서 본향만을 향해 걸어가고 있는 선교사님의 모습은 장망성을 떠나 천국을 향해 가는 기독도의 모습이기 때문이다.

"한국에도 웨슬리와 같은 형제가 많아야 한국 교회가 성장한다."라고 하신 고 예수원 대천덕 신부의 말씀을 귀담아 들으면서 원이삼 선교사님의 사역을 통해 받은 은혜를 간증한다.

✽ 이 글은 1993년 6월 15일에 발행된 양승훈 교수의 저서 「낮은 자의 평강」(개정판)에 수록된 글로 현재의 상황과 다소 거리가 있는 부분도 있지만 웨슬리 선교사의 행적을 돌아보는 자료의 하나로 게재한다.(편집자 주)

4. 도무지 거절할 수 없는 사람

■ 강영안(서강대 교수, 기윤실 공동대표)

1985년 박사 학위 논문 교정이 모두 끝나 출판사에 넘기기 전에 서문을 쓸 일이 남아 있었다. 내가 일하던 연구실은 자유대학교 본관 건물 13층 저 멀리 스키폴 공항 쪽을 내다보는 방이었다. 그 날은 늦여름 오후였다. 신학대학에 입학한 때부터 박사 학위를 마칠 때까지 내가 걸어온 길을 떠올렸다. 고2 때 부산남교회에서 열렸던 SFC 제 26회 동기수양회에 참석했을 때 목사의 길을 걷겠다고 작정하였던 일, 그 때 주강사로 수양회를 이끌었던 석원태 목사님, 신학대학 시절 영향을 받았던 선생님들, 특별히 그 가운데서 차영배 목사님과 김만우 목사님, 외대 시절의 손봉호 선생님, 벨기에 유학 시절 루뱅의 선생님들, 그리고 암스테르담 자유대학교의 여러 선생님들의 모습이 떠올랐다. 음으로 양으로 영향 받고 고마움을 느낀 분들이 사오십 분이 넘었다. 그 때 다시 깨달았다. 내가 나 된 것은 나의 노력이나 능력이 아니라 하나님의 은혜임을. 얼마나 많은 사람들의 손을 통해 하나님이 나를 키워주셨는지를. 그해 10월 3일 학위를 마치고 들어와 이듬해부터 대구

계명대학교 철학과에서 가르치기 시작했다. 웨슬리를 만난 것은 이 이후였다.

웨슬리를 처음 만난 것은 계명대에 간 이듬 해 여름, 그러니까 1987년 서울 CCC회관에서 기학연과 기대설이 함께 집담회를 하는 자리가 아니었던가 생각한다. 그 분에 대해서는 이미 1973년 손봉호 선생님을 통해 듣고 있었다. 손 선생님이 읽으라고 주셨던 레이어 호이까스의 『종교와 근대 과학의 발생』(*Relgion and the Rise of Modern Science*)이란 책이 웨슬리 손을 거쳐 온 것이었다. 첫 만남 이후, 나는 대구에 있었기 때문에 웨슬리와 교제할 수 있는 시간을 별로 가지지 못했다. 그러다가 1990년 서강대로 옮긴 이후 좀 더 자주 만날 수 있었다. 처음에는 주로 기학연 활동과 IVP를 통해서 웨슬리를 만났다. 한번 길게 얘기를 나눌 수 있었던 것은 홍병룡 간사와 웨슬리가 잠실에 있던 우리 아파트로 찾아와 식사를 할 때가 아니었던가 기억된다.

나는 웨슬리를 만날 때마다 이 분만큼 분명한 확신을 지닌 카이퍼리안(Kuyperian)이 있을까 하는 생각을 하게 된다. 삶의 어느 한 구석도 "이것은 내 것"이라고 주님이 얘기하지 않는 부분이 없다는 생각, 그래서 정치나 교육이나 학문이나 경제나 문화나 예술이나, 사람이 활동하는 모든 분야가 그리스도인이 소명 받은 자리라는 생각을 웨슬리는 굳게 지니고 있다. 이런 생각을 가진 분이 한국에서 40년을 넘게 생활하면서 겪었을 고통이 적지 않았을 것이었음은 쉽게 짐작할 수 있다. 오늘이나 40년 전이나 한국교회의 신앙 생활은 여전히 교회 모임 중심이고, 목사 중심이고, 그 많은 시간과 돈과 에너지를 교회를 세우고 유지하는 데 거의 사용한다. 웨슬리는 이것을 직접 비판하기보다 이런 생각을 깰 수 있는 책을 꾸준히 한국교회 젊은이와 학자들에게 공급하였다. 1980년대 기독교 세계관 운동은 웨슬리의 문서 사역이 큰 밑거름이 되었다.

웨슬리와 만나는 일은 주로 두 가지였다. 하나는 책 때문이고 다른 하나는 다른 사람들을 소개받아 만나는 일이었다. 책과 관련해서 웨슬리에게 특별히 고맙게 생각한다. 지금은 인터넷을 통해 최근 신간을 쉽게 구할 수 있지만 대구에서 4년을 보낸 1980년대 후반만 해도 그것이 그렇게 여의치 않았다. 1990년 서울에 올라온 뒤부터 최근 미국이나 영국에서 나온 신간을 나에게 들고 온 분이 바로 웨슬리였다. 그렇게 해서 레슬리 뉴비긴(Lesslie Newbigin), 리처드 마우(Richard Mouw), 존 해어, 알리스터 맥그라스(Alister McGrath) 등을 읽을 수 있었다. 학자는 아니지만 누구보다 좋은 책들을 많이 알고 있고, 그 책이 필요한 사람이 누군지를 정확하게 알고 있는 분이 웨슬리다. 책뿐만 아니라 사람을 연결시켜주는 일도 웨슬리의 특기이다. 기학연을 통해 만난 친구 학자들은 대부분 웨슬리를 통해 만난 사람들이 아닐까 생각한다. 웨슬리는 누구보다 많이 한국의 기독 학자들을 알고 있고, 그 사람들을 서로 연결시켜주고 고무시키고 대화의 물꼬를 트게 만들었다.

웨슬리는 내가 도무지 거절을 할 수 없는 분이다. 어떤 모임의 강의를 가는 일이든, 다른 학자를 만나기 위해 시간을 내어 달라고 부탁을 받게 되는 일이든지 웨슬리가 부탁하면 나는 거절을 하지 못한다. 대부분의 경우 웨슬리가 원하는 대로 시간을 낸다. 그렇게 할 수밖에 없는 까닭은 딱 한 가지다. 그 분의 삶이 나에게 거절할 수 있는 여유를 주지 않기 때문이다. 거의 한 평생을 이국에 와 홀로 살면서 한국 기독교의 성숙을 위해 그토록 애쓰시는 모습, 검소 절제하는 삶, 필요하다면 전국 어디를 마다 않고 달려갈 정도의 헌신과 열정. 이러한 그의 삶의 모습은 우리의 형제요, 선배인 웨슬리의 부탁이나 청을 거절하지 못하게 만든다. 그나마 고신대학이 웨슬리의 공로와 기여를 인정해서 명예 박사 학위를 수여한 것을 나는 참 고맙게 생각한다. 이름도 없이, 빛도 없이 일해 온 그이지

만 한국의 기독교 학자 가운데 그를 알고 사귀어온 사람이면 그에게 감
사하지 않을 사람이 없을 것이다. 기독교 교육, 기독교 학교, 기독 학자
들과 기독 대학원생 간의 네트워크 형성 등, 그가 관심을 가지고 해 온
일들이 이 땅에서 더욱 활발하게 진행되길 기도한다.

2004년 8월 21일 미시간 그랜드 래피즈에서
웨슬리를 한국에 보내신 분에게 감사드리면서

5. 한 사람의 헌신이 큰 일 낸다

■ 신국원(총신대 신학과 교수)

개인적으로 웨슬리 씨는 '현대판 바울'이라고 생각한다. 지금으로부터 20년 전이었다. 내가 미국에서 네 도시에 옮겨가면서 살았는데 네 도시에서 웨슬리 씨와 함께 안 있었던 곳이 없었다. 그리고 캐나다의 토론토에 있을 때, 유학 생활 중에 가장 어려웠던 때였다. 우리 가족은 토론토 시의 물가가 워낙 비싸서 시내에 조그만 원 베드룸 아파트에 살고 있었다. 그런데 웨슬리 씨가 오겠다고 했다. 그래서 오라고 하여 일정이 좀 길어져서 10일을 같이 있게 됐다. 10일을 모시고 있으니까 사실 좀 힘들었다. 내 아내도 그렇고. 그래서 사실 떠날 때 좀 속이 시원했다.

떠나는 날 아침에는 가는 중간에 뉴욕 친구한테 연락을 하고 거기에 도착할 때까지만 책임을 지자 싶어서 점심을 샌드위치로 샀다. 그래서 기독교학문연구소(ICS) 앞에서 세워줬는데 그 길이 일방통행(one way)이어서 차를 돌려서 돌아 나오는데, 차의 뒷모습을 보면서 그런 생각이 들었다. '아 옛날에 바울이 항구에서 나와 뒤에 있는 성도들을 남겨 놓고 떠날 때 성도들이 똑같은 심정이었을 거다'라는 생각이다. 뭐라고 할까. 애처로운 심정으로 '나는 뭐하는 인간인가' 하는 생각하고 웨슬리를 아는 사람마다 다 공통적으로 느끼는 죄책감이랄지 그런 것이 서늘한 감정으로 다가왔다.

또 사람이 좀 이상하게 보일지 모르지만 비전만큼은 세상 끝까지 갈 것이다. 웨슬리 씨는 큰 특기가 사람을 찾아내는 것이다. '이 사람 안 만났으면 좋겠다.' 그러면 어떻게든 찾아낸다. 내가 이 도시 저 도시 옮겨 갈 때마다 나를 불러내서 "어디 같이 가자." 그러면 안 갈 도리가 없었다. 얼마 전에도 갑자기 나타나서 종교 교육 받으시는 다른 분하고 같이 가는데 분위기가 처음부터 분명히 어색할 수밖에 없는 자리였다. 처음 만나는 사람들이 무슨 기독교적인 강한 헌신이 있는 것도 아니잖는가. 그런데 거기 세 사람이 다 똑같은 얘기를 했다. 그 분이 전화했을 때 "왜 가자고 그러느냐? 좀 안 만났으면 좋겠다." 하다가도 할 수 없이 다 끌려왔다는 것이다. 그런데 참 재미있는 건 한 1시간 쯤 이야기를 하니까 결국엔 다 똑같은 결론이 나왔다. "우리가 이렇게 살면 안 되는데 이렇게 살아왔다."는 얘기들이었다.

대학 다닐 때도 간접적으로 웨슬리 씨를 뵙긴 했지만 진짜 친해진 건 1983년이었다. 내가 웨스트민스터신학교를 마치고 잠깐 들르러 왔는데, 우연한 기회에 자리를 같이 하게 됐다. 한 3시쯤 만났는데 갈 때가 있다고 했다. 그래서 그때 처음 끌려 간 곳이 기독교방송국의 조그만 교실이었다. 그곳에서 황영철, 김헌수 등 대학원 학생들에게 세계관 공부를 시키고 있었고, 양승훈 교수 등 몇 사람이 모여서 공부를 하고 있었다. 그때를 시점으로 해서 그 사람들이 기독교학문연구회의 주축이 되었다. 웨슬리 씨를 보면서 한 사람의 헌신과 한 사람의 비전이 얼마나 큰가를 느끼게 된다.

6. 학문과 신앙의 조화를 위해 한결같이

■ 서진희(연세대 영문학과 교수)

내가 웨슬리 형제를 처음 보았다고 기억하는 때는 학부 4학년 때가 아닐까 싶다. 그러니까 20년이 훨씬 넘은 세월 동안 알아온 셈이다. 칠순을 맞는 분께 '형제' 라는 호칭은 어울리지 않을지 모른다. 그러나 이렇게 불러왔고, 크리스천이라면 이 호칭이 주는 의미를 충분히 알고 있기 때문에 개의치 않으시리라 생각한다. 모든 사람이 인종, 성별, 나이, 신분에 상관없이 하나님을 아버지로 부르는 형제요, 자매라는 뜻 말이다. 나는 지금도 웨슬리 선생님을 그렇게 생각하고 싶고, 그분도 나를 그렇게 생각게 주시길 바라는 마음이다.

웨슬리 형제에게서 받는 가장 강한 인상은 한마디로 한결같음이다. 이것은 그가 언제나 똑같은 옷을 입고 다니기 때문만은 아니다. 물론 내가 기억하는 그는 항상 흰색 셔츠에 짙은 갈색 바지를 입고 있었다. 그러나 이러한 외적 동일함 외에 그는 내가 처음 뵈었던 이십여 년 전이나 지금이나 여전히 동일한 열정으로 '지성 사회 복음화' 를 위해 헌신하고 있기 때문이다. 아니 그 훨씬 이전부터 그의 헌신은 시작되었는지 모른다. 그

분의 삶을 보며 생각나는 성경말씀은 빌립보서 3장 14절이다.

"푯대를 향하여 그리스도 예수 안에서 하나님의 위에서 부르신 부름의
상을 위하여 좇아가노라".

낡은 소형 자동차에 가득 책을 싣고 다니시던 일이 생각나는데, 다른
많은 사람들과 마찬가지로 나도 처음엔 책장사로 오해했었다. 월급의 대
부분으로 책을 사고, 그 책들을 필요한 사람들에게 소개하고, 나누어 주
는 일에 투자하신 것은 이미 알려진 사실이다. 아마도 지금의 IVP가 웨
슬리 형제의 이러한 노력의 결과라 해도 과언은 아닐 것이다. 영문학과
학생으로서 필자는 영어로 된 원서가 다소 매력적으로 느껴졌던 터라,
비록 잘 이해가 되지 않더라도, 웨슬리 형제의 이 책 저 책을 빌리거나
얻어 (나중에는 구매해서) 많은 기독교 지성의 책을 접할 수 있었다. 대
학원 진학과 함께, 현재 기학연의 태동 격인 초기 모임에 참여하게 된 것
도 순전히 웨슬리 형제의 덕분이라 할 수 있다. IVF 학사회 모임에도 종
종 함께 하셨는데, 모임 후에 배달된 중국음식을 남김없이 드신다던가,
구멍난 런닝 셔츠를 입고 다니신 일 등은 그의 소탈하고 검소한 생활을
단적으로 보여 주었다.

필자의 미국 유학 시절, 가끔 보내 주시는 편지에는 어김없이 근처 크
리스천 학자의 연락처 혹은 관련 서적 등을 소개하는 내용이 있었다. 한
번은 필자가 공부하던 LA 지역에 방문하시게 되었는데, 이 기회를 이용
해, 미국의 유명한 언어학자이며 선교사이신 파머 교수의 강연과 함께
생소한 원어민과의 의사소통 과정을 실제로 보여 주는 모임에 데리고 가
신 적도 있다. 이는 언어학을 공부하는 필자에 대한 구체적이고도 세심
한 배려가 아닐 수 없었다. 또 학업을 따라가기에 바빠 전전긍긍하고 있
을 때, 언어학 이론가인 촘스키에 아직도 관심이 있느냐는 도전적이고도

본질적인 질문을 유쾌하게 던지곤 하셨다. 이런 질문을 받으면 잠시나마 내가 가고 있는 길에 대한 생각을 다시 해 보게 되는 기회가 되었다.

학문과 신앙의 조화를 위해 크리스천 학생들과 학자들을 기회가 있을 때마다 이같이 도전하고 돕는 열심은 어디서 오는 것인지 의아할 때가 있다. 어떻게 이런 비전을 갖게 되셨을까? 사실 웨슬리 형제의 개인적인 간증은 들을 기회가 거의 없었다. 본인에 대한 사적인 이야기를 나눈 적은 더더욱 없는 것 같다. 그럼에도 불구하고, 아직도 서툰 한국어 실력으로 가족도 없이 이국 땅에서의 외로움, 좌절, 실망은 어떻게 해결해 오신 것일까? 여러 가지로 궁금해진다. 오랜 기간 연락이 없다가도 이런 저런 기회에 다시 만나게 되면, 그때마다 예전과 동일하게 날카로운 도전과 관심으로 나의 나태해진 생각을 자극하신다.

필자가 이전에 있던 대학에서 소규모의 교수 기도 모임이 있었는데, 몇 안 되는 사람들을 위해 몇 시간 거리의 지방을 마다하지 않고 방문해 주신 기억도 있다. 그분의 이러한 노력과 헌신에 실은 한번도 제대로 반응하지 않은 것이 송구스럽다. 나에게 늘 먼저 연락을 하셨고, 그분이 제공한 많은 자료를 제대로 끝내지 못했으며, 그것에서 한 단계 나아가지는 더더욱 못했다. 그럼에도 불구하고 결코 포기하지 않으시며, 언제나 반갑게 다시 필요한 정보를 제공하고 도전하여 무뎌진 마음을 새롭게 해 주셨다.

얼마 전 IVP가 새 건물로 이사를 하면서 방문할 기회가 있었는데, 그곳에서 웨슬리 형제의 숙소를 보게 되었다. 이미 나이가 꽤 되셨고, 건강에 주의해야 할 형편에 너무나 협소하고 불편한 생활을 하고 계신 것에 충격과 걱정과 죄책감 마저 들었다. 건물의 한 좁은 공간 구석에 긴 작업 책상 같은 것이 침대였고, 냉장고는 있었는지 잘 기억이 나질 않는다. 식사는 어떻게 해결하셨는지 모르겠다. 이런 모든 불편함에도 불구하고 지치지 않는 열정, 이것은 분명 하나님께서 주신 소명일 것이다.

이 자리를 빌어, 그 동안 한국 기독교 학문 연구에 보내주신 관심과 수고에 깊이 감사드리고, 많은 자극과 격려에도 불구하고 여전히 이런 저런 핑계로 머뭇거림을 반성하며, 이제 새로운 다짐으로 빌립보서 3장 12절 말씀을 같이 나누고 싶다.

"내가 이미 얻었다 함도 아니요 온전히 이루었다 함도 아니라 오직 내가 그리스도 예수께 잡힌 바 된 그것을 잡으려고 좇아가노라."

7. 진정한 기독교 학교 교육에 눈을 뜨게 해 주셨죠

■ 현은자(성균관대 아동학과 교수)

일기장을 뒤져보니 내가 웨슬리 선생님을 처음 만났던 날이 1996년 5월 28일로 기록되어 있다. 그런데 순간 의아해진다. 그 분을 안지 겨우 8년밖에 되지 않았었나. 느낌으로는 10년도 넘게 그를 알아왔던 것 같은데 …. 사실 기학연 사무실에서 그 분을 처음 뵈었을 때 큰 인상은 받지 못한 것으로 기억된다. 그런데 이후 얼마 지나지 않아 그 분이 공들인(?) 보람이 있어 내가 기독 학자로서의 소명을 깨닫게 되고, 그로 인해 기쁨과 감사함으로 학문 활동을 할 수 있게 되었으니, 웨슬리 선생님과의 만남은 나의 삶에 있어서 가장 중요한 전기가 되었다.

그 동안 그 분으로부터 가장 큰 영향을 받은 부분은 기독교 학교에 관한 것이라고 할 수 있다. 웨슬리 선생님이 주신 책과 자료에 의해 기독교 학교에 대해 조금씩 알게 되면서 나는 기독교 학교의 현장을 직접 내 눈으로 확인하고 와야겠다는 생각이 들었다. 그래서 그 분의 주선으로 1997년 1월 두 주간에 걸쳐 캐나다와 미국의 기독교 학교를 방문할 수 있게 되었다(나중에 알고 보니 그는 학교 방문 스케줄을 짜는 전문가였다). 그 때 방문한 학교가 미국 시애틀(Seattle)의 Bellevue Christian School과 캐나다 밴쿠버(Vancouver)와 랜리(Lanley)에 위치한 몇 개의 기독교 학교였다. 시애틀에서 나는 BCS의 공동 창립자인 알버트 그린 박사(Dr. Albert Greene)를 만나게 되었다. 이 일을 계기로 하여 1997년도 연구년을 BCS에서 보내게 되었다. 그 당시 내 딸은 5학년, 아들은 2학년이었는데 나는 연구자로, 그리고 학부모로서 BCS의 유아원, 초등학교, 중·고등학교에서 일어나는 많은 일들을 관찰할 수 있었다. 특히 유익했던 것은 각 학급에 들어가서 수업을 참관할 수 있었던 것과 그곳의 교사들과 함께했던 교사 교육이었다. 그 당시 80세에 가까웠던 그린 선생님은 BCS의 신임 교사 교육과 재교육을 직접 담당하고 계셨다. 그 당시 교사들과 쌓았던 친분과 그린 선생님으로부터 받은 개인적인 가르침은 나로 하여금 한국의 기독교 학교에 대한 비전과 열망을 갖도록 하였다.

진정한 기독교 학교 교육이 무엇인지 알도록 눈을 뜨게 해 주신 것 이외에도 웨슬리 선생님은 내가 필요로 하는 책과 자료들을 적절한 때에 공급해 주셨다. 특히 아동 문학이라는 내 전공 영역에서 기독교적인 기초를 발견할 수 있었던 것은 온전히 그 분의 덕택이다. 그 주제에 관련하여 내 서재와 연구실의 책꽂이에 꽂혀 있는 책의 대부분은 웨슬리 선생님의 정확한 책 감식안에 의해 뽑혀 온 것들이다. 그 분이 얼마나 열심히 책장사(?)를 하고 계신지를 나는 이번 봄에 시카고(Chicago)에 위치한 휘튼대학(Wheaton College)을 방문했을 때 알게 되었다. 그 대학 서점에 있는 대부분의 책들은 그 분을 통해 이미 알고 있는 것들이었다. 따라서 나는 그 책들을 구입하여 들고 오는 수고를 덜 수 있었다.

이렇듯 참으로 고마운 분임에도 불구하고, 가끔은 그 분의 방문과 전화가 당황스럽고 부담스러울 때가 있었던 것이 사실이다. 갑작스러운 영어 질문으로 긴장하게 하질 않나, 예리한 질문으로 내 마음 속 깊숙이 감추어져 있던 인본주의적 세계관을 드러내 보이질 않나, 숙제를 잔뜩 떠안기고 가질 않나, 연락할 사람, 읽어야 할 자료들을 잔뜩 남겨 두고 가신 후 다시 만났을 때의 그 민망함이란…. 내 일을 먼저 하느라 웨슬리 선생님이 제안하거나 부탁하신 일은 항상 나중으로 미루어지기 일쑤였다. 그 분이 그토록 애쓰시는 일은 바로 이 땅에 기독교 학교를 세우기 위함인데 정작 교육학자인 나는 뒷짐을 지고 있으니 그 분은 참으로 답답하고 속으로 화도 나셨을지 모른다.

그래서인지 언젠가 그 분이 내게 지나가는 말처럼 "I'm getting old."라고 하셨다. 이 말의 의미가 내게는 자신이 자꾸 나이 먹고 있으니 이제는 시간이 얼마 남지 않았다는 것으로 해석되었다. 다른 사람한테도 그런 말씀을 하시는지는 잘 모르겠지만, 그리고 그들은 그것을 어떻게 받아들였는지 모르겠지만, 내게는 참으로 부담스러운 말이었다. 만일 이 분이 질병(실제로 몇 년 전에는 세브란스 병원에서 수술을 하신 적도 있었다)이나 노환으로 얼마 안 가서 돌아가시기라도 한다면 좋은 책과 자료에 대한 정보, 국내외에 있는 기독학자들 간의 네트워킹이며 아직 걸음마 단계에 있는 국내의 기독교 학교는 어찌될 것인가 하여 여간 걱정이 되는 것이 아니었다. 이러한 걱정과 부담감에 짓눌리다 못해 게으른 내가 2002년 1월 대학로의 어느 구석에 "기독교학교자료센터"라고 하는 공간을 만들어 놓는 큰 실수(?)를 저지르고 말았다. 그 동안 웨슬리 선생님이 역설하고 다니셨던 일들, 예컨대 기독단체 간의 네트워킹, 자료 수집과 개발, 보급, 기독교 교육을 위한 교사와 학부모 프로그램 등을 시작해 보려는 의도로 시작한 것이었다. 이로 인해 웨슬리 선생님께 진 빚을 조금 갚았다는 안도감이 들기도 했지만 그것도 잠깐, 정작 대학일과 가정 일을 핑계 삼아 제대로 진행하고 있는 일이 없으니 이제는 도리어 웨슬리 선생님께 부끄럽고 창피할 따름이다. 부끄러운 마음이 부담감을 대신한 꼴이라고나 해야 할까.

웨슬리 선생님이 가지신 달란트 중의 하나가 전 세계적인 정보망 구축이라는 것은 누구도 부인하지 못할 것이다. 나는 그것을 우리 딸의 학교 문제를 통해 또 한번 실감하게 되었다. 그 분은 3년 전 내 딸이 미국 버지니아 주의 사립학교에 입학한 것을 아시고는(기독교 학교인줄 알고 보냈는데 실은 지극히 세속적인 학교였던 것이다) 어떤 정보망을 가동하셨는지 그 학교에서 신실한 선생님을 찾아 우리에게 소개시켜 주신 것이다. 그렇게 해서 그 학교에서 라틴어를 가르치시는 트롬보(Trombo) 선생님 부부를 알게 되었고, 그 분들이 우리 딸의 신앙의 든든한 울타리가 되어 주시니 감사할 따름이다.

이 분을 자주 접하게 되어도 여전히 어렵고 조심스러운 것이 사실이지만 이제는 선교사요, 혹은 기독교 세계관 전도자이기 이전에 한 인간으로서 느껴질 때가 종종 있다. 아마도 같이 늙어가기 때문인가. 그런데 그 분도 나를 그렇게 생각하실지 궁금하다. 지난 봄 고신대에서 명예 교육학 박사 학위를 받으실 때 무대 위에서 가운을 입고 앉으신 모습이 매우 멋있었다고 칭찬하였더니 소년처럼 수줍어 하시면서도 정말 기분 좋아 하시는 것 같았다. 그리고 작년에는 이런 일도 있었다. 그 분의 만 68세 생신 때 셔츠를 선물 했는데 그 분한테는 좀 작은 사이즈였다. 그래서 나는 그 옷들을 도로 가져가 한 치수 큰 것으로 교환하여 돌려드렸다. 그 후 두 주일쯤 되었을까. 그 분이 내게 전화를 하셔서 머뭇거리시더니 이번에는 셔츠에 주머니가 없다고 하신다. 자신은 볼펜이나 연필 등 쓸 것을 항상 주머니에 꽂고 다니기 때문에 주머니가 있는 옷으로 바꾸었으면 좋겠다는 것이다. 그 통화를 하는 중에도 그랬지만 끊고 나서 나는 한참 우습기도 하고 기쁘기도 하였다. 아마도 그 분은 내게 그 요청을 하시기 전에 몇 번을 망설이셨을 것이 분명하며 그래도 전화를 하실 수 있던 것은 나를 이제 그만큼 편하게 생각하시기 때문이 아니었을까 하는 마음에 서였다. 결국 그 셔츠 사건은 며칠 후 함께 백화점에 가서 그 분의 까다로운(?) 취향을 만족시킬 수 있는 다른 디자인의 가을 옷으로 교환하는 것으로 종결되었다.

때로 나는 이 양반은 결혼도 안 하고, 자녀도 갖지 않고, 뭐 뚜렷한 사회적인 지위도 없이 무슨 재미로 세상을 살고 계시나 하는 궁금증과 안쓰러움을 갖게 된다. 40여 년간 이국땅에서 책과 온갖 자료들 속에 묻혀서 변변한 숙식 장소도 없이 굽은 등 위에 묵직한 배낭을 짊어지고, 때로는 환영받지 못하면서도 수많은 사람들을 만나고, 연결하고, 섬기면서 살고 계시는 분, 우리의 무관심과 게으름에도 분노하거나 좌절하지 않으시고 피곤한 몸을 이끌고 어디든 가시는 우리의 웨슬리 선생님 ….

하나님께서 그 분을 언제, 어떻게 불러 가실 지, 혹은 나와 선생님 둘 중 누구를 먼저 부르실 지는 아무도 예측할 수 없는 것임을 알면서도, 어느 날 그 분이 가시고 남은 빈 자리를 상상해 본다. 그러자 갑자기 슬픔이 밀려온다. 그 분이 하시던 일 때문일까? 그것만은 아닌 것 같다. 혹시 그 분의 웃음소리와 맑고 반짝이는 눈빛, 장난기어린 농담, 때로는 소년과 같은 수줍은 표정을 내가 무척이나 좋아하게 되었기 때문일까? 아니면 그 분과 내가 어느 사이에 같은 것을 소망하고 같은 것으로 인해 기뻐하는 친구 사이가 되었기 때문일까?

오늘 나는 집도, 가정도 없이 살아오신 웨슬리 선생님을 이제껏 건강하게 붙들어 주신 하나님께 참으로 감사드린다. 그리고 웨슬리 선생님께는 이렇게 축하하고 싶다.

"웨슬리 선생님, 70세 생신을 축하드려요. 그리고 심각한 이야기만 하지 말고 우리 지금처럼 장난치고, 농담하고, 크게 웃으면서 건강하게 오래오래 살도록 해요."

8. 하나님께서 한국 교회에 보내주신 선물,
   웨슬리 웬트워스

■ 김승욱(중앙대 경제학과 교수)

지난날들을 돌아보면 유난히 강하게 기억에 남는 사건들이 있다. 내가 웨슬리 웬트워스 선생님을 처음 만나게 된 계기가 된 날도 그러한 날 중에 하나이다. 벌써 20여 년전의 일이다. 1983년 가을, 미국 유학을 준비하며 부모님 댁에서 대학원에 다니던 나는 갓 돌이 지난 아들이 있었다. 아내는 내가 수업이 없는 날에는 집에서 공부하길 원했지만 두 살짜리 재롱둥이가 있는 집에서 공부하기란 힘들었다. 그 날은 부모님께서 집에 계시지 않아서 그런지 아내가 유난히 더 내게 학교 가지 않기를 원해서 학교에 갈까 말까 계속 갈등을 하고 있었다. 점심을 먹고 나서도 한참 시간이 지났는데도, 그날은 이상하게 학교에 반드시 가야 한다는 강박관념 같은 것이 있었다. 그래서 오후 4시가 다 되어 가는 시간에 학교를 가겠다고 집을 나섰다. 갓 돌이 지난 아들을 등에 업고 버스 정류장까지 따라 나오며 헤어지기 싫어하는 아내를 뒤로 하고 버스에 올랐다. 언덕을 내려오는 버스의 뒷창에 석양이 붉게

들어오고 있었다. 지금 학교에 가 봐야 공부도 몇 시간 못 할 텐데 괜히 집을 나섰나 하는 후회가 몰려왔다. 학교 정문을 들어섰을 때 기독학생회 지도 교수이신 최재선 교수님을 우연히 만났다. 길에서 나의 인사를 받자 최교수님은 어느 미국인을 만나보라며 이름과 전화번호를 주셨다. 그분이 바로 웨슬리 웬트워스 선생님이었다.

전화번호 하나만 가지고 외국인에게 전화를 한다는 것이 쉬운 일이 아니었지만, 최교수님께서 꼭 만나보라고 했기에 전화를 했다. 웨슬리 선생님은 기대 이상으로 나를 반기며 만나자고 했다. 만나서 내 전공을 묻고 나서 여러 가지 질문을 심문하듯이 퍼부었다.

"경제학이 당신이 믿는 신앙과 무슨 관련이 있느냐?"
"왜 유학을 가려고 하느냐?"
"학문을 하는 이유가 무엇이냐?"

그 중에는 나를 당황하게 하는 질문도 있었다.

"경제학의 기본 전제가 되는 공리주의에 대해서 어떻게 생각하느냐?"

그리고 당시 IVF 간사였던 김헌수, 양성만, 유해신, 오창희 형제들이 일주일에 한 번 씩 만나 하웃즈바르트(Bob Goudzwaard)의 『자본주의와 진보 사상』을 정기적으로 공부한다고 하면서 그 모임에 참석할 것을 권했다. 그래서 서대문 어느 골목에 있었던 IVP 사무실 2층의 허름한 집을 찾아갔다. 거기에는 머리를 빡빡 깎은 김헌수 형제(현재 목사)가 IVP 간사들과 함께 공부를 하고 있었다. 이렇게 해서 나는 유학가기 전까지 일년간 이 모임에 참석했다. 이때의 화두는 '신앙과 학문의 통합' 이었다.

그러던 1984년 8월의 어느 날, 수련회를 가자고 했다. 역곡에 있는 '새소년 소망의 집' 에서 신앙과 학문의 통합에 관심을 가진 사람들이 모두 모인다고 했다. 약 20여 명의 젊은이들이 모여 2박 3일 동안 세미나를 가졌다. 양승훈 교수는 이때 "기독교 대학"의 비전을 강력하게 보였다. 후에 이 모임을 기학연과 기독학술교육동역회(DEW)가 공동 주관하는 기독교학문학회 첫 모임이라고 명명했다. 이때도 웨슬리 선생님은 열정적으로 만나는 사람마다 책을 건네며, 내게 처음 했던 비슷한 말들을 하고 있었다.

이 수련회를 마치고 며칠 후 나는 미국의 조지아 대학(University of Georgia)으로 유학길에 올랐다. 유학을 떠난 후에도 가끔 웨슬리 선생님으로부터 전화를 받았었다. 어느 교수님도 유학을 떠난 내게 관심을 보이지 않았지만, 웨슬리 선생님은 나를 기억하고 있었고, 간간히 전화를 해 주었다. 유학 생활을 시작한 지 한 2년 정도 지난 어느 날 웨슬리 선생님으로부터 또 전화를 받았다. 미국의 고향인 버지니아에 왔는데, 우리 집을 들리시겠다면서 학생들을 만날 수 있게 해 달라고 했다. 그래서 교회에 가서 웨슬리 선생님을 소개하고 사람들을 모았다. 지금 기독경영연구원 원장으로 계시는 한정화 교수, 그리고 고신대의 정동관 교수 등이 이때 함께했다. 웨슬리 선생님은 이 때도 많은 책을 가져와서 각 학생들에게 맨투맨으로 질문 공세를 퍼부으시면서 도전하였다. 그 이후에도 내가 유학하는 기간 중에 조지아 대학에 또 한 번 방문하셨다. 그때는 여든이 넘은 아버님을 모시고 플로리다로 가는 길에 잠시 들렀었다.

그때는 이러한 방문이 얼마나 귀한 일인지 몰랐다. 그런데 후에 알고 보니 웨슬리 선생님은 모처럼만에 미국에 가도, 부모형제들과 시간을 보내기보다 대부분의 시간을 한국에서 알게 된 한국 유학생들을 찾아다니셨다고 한다. 대학원생들의 미래를 보고 귀하게 여기며, 한국에서 뿐만이 아니라 고향에 돌아와서도 개인적인 일들은 젖혀두고, 한국 유학생들을 찾아다닌 선생님의 열정에 다시 한 번 고개를 숙이게 된다.

1988년 12월에 귀국하자마자 웨슬리 선생님의 전화 연락을 받았다. 젊은 교수들을 모아서 단체를 만들자는 것이었다. 1999년 봄, 정확한 날짜는 기억이 나지 않는데, 백주년기념관에 나가보니 강영안 교수, 한정화 교수, 윤완철 교수, 조무성 교수 등이 참석했다. 이때 손봉호 교수님을 대표로 세우고 기독교학문연구회가 태동되었다. 그런데 앞에서 언급했던 IVP 간사를 중심으로 하는 대학원생 모임이 계속되고 있었고, 기학연이라는 이름을 사용하고 있었다. 그들은 대부분 아직 학위가 끝나지 않은 상태였다. 그 모임이 있었기 때문에 교수들이 중심이 된 이 모임은 기학연 OB라고 부르기로 했다. 그리고 일년이 지난 1990년 2월 3일에 이 두 모임을 통합했다. 이렇게 기학연의 출발의 중심에는 이름 없이 뒤에서 모태의 역할을 한 분이 바로 웨슬리 웬트워스 선생님이다.

돌이켜 보면 웨슬리 선생님을 통해서 기학연 활동을 하게 된 것은 하나님의 섭리 가운데 있었던 일이다. 나는 모태신앙으로 자랐지만 신앙이 없었다. 특히 중학교 때 세계사 시간에 기독교를 여러 종교 가운데 하나이며, 교회에서 진리라고 배운 것들이 중세 교부철학자들에 의해서 만들어진 것이라고 배우고는 신앙에 회의를 갖게 되었다. 그런데 고등학교 1학년 때 수련회에 가서 하나님을 체험하게 되었다. 그리고 한 학기 동안 교회 친구들과 비전을 나누었다. 이때 하나님께서는 내게 기독교 경제학을 공부하라는 생각을 불러 일으켜 주셨다. 원래 나는 사업가가 되어서 돈을 많이 벌어 하나님께서 기뻐하시는 일을 하겠다는 소박하고 순진한 생각을 가지고 있었다. 그런데 교회 친구들과 밤을 새우며 비전을 나누는 과정에 하나님께서 나의 생각을 바꾸어 주셨다. 고등학교를 졸업하면서 이러한 생각을 잊고 지내다가 대학에서 전공을 선택할 때 다시 하나님께서는 이 생각을 상기시켜 주셨고, 그래서 경제학을 전공하게 되었다. 제대 후에 취업을 할 것인가, 대학원을 진학할 것인가의 기로에서도 하나님께서는 이 비전을 상기시켜 주셔서 대학원에 진학을 했고, 유학을 가서 경제학을 계속할 것인가, 당시에 새로운 학문으로 인기가 있던 부동산학이나 보험학으로 전공을 바꿀 것인가를 고민할 때도 이 비전으로 말미암아 경제학을 계속 공부하게 되었다.

기독교 경제학이 무엇인지도 모르고 어떻게 공부해야 하는지, 어떤 대학으로 가야 그러한 것을 공부해야 하는 지도 아무것도 몰랐다. 지금 그런 생각을 했더라면 칼빈 칼리지나 휘튼 칼리지 등으로 유학을 갔을 것이다. 당시 유학 갈 때만 해도 나는 그런 학교가 있는지도 몰랐다. 그런데 교수가 되고 나서 계속 기독교 경제학을 고민하게 한 것은 바로 웨슬리 선생님이 계셨기 때문에 가능했다.

어릴 때 기독교 경제학이 무엇인지 아무것도 모를 때 비전을 주신 하나님께서 그 후에도 나를 교수의 길로 인도하시고, 그리고 나의 비전대로 하나님의 경제 원리에 지속적인 관심을 갖게 하시기 위해서 하나님께서 웨슬리 선생님을 내게 소개시켜 주셨다고 나는 확신을 한다. 그리고 이제 나와 같은 사람들이 많다는 사실을 알게 되면서, 하나님께서 웨슬리 선생님을 한국 땅에 보내 주신 것은 선물이었다는 것을 알게 되었다.

나는 기학연의 일을 하면서 힘들 때도 많았다. 교수로서 내 전공 분야에서 논문을 쓰고, 사회 봉사를 잘 하기도 힘든데, 여기에 교회 생활과 기독교 세계관에 입각한 경제학까지 관심을 가져야 하니 물리적으로 이 모든 것을 잘한다는 것이 물리적으로 불가능하다는 생각이 들었다. 그래서 정말 이 일이 하나님께서 내게 시키신 일인가 하는 생각을 하곤 했다. 그럴 때마다 유난히도 학교에 가야 한다는 강한 생각을 가졌던 20여 년 전의 그 오후가 생각난다. 왜 그날은 그렇게 학교에 꼭 가야 한다고 생각했을까? 만약 그날 학교에 가지 않았더라도 웨슬리 선생님의 전화번호를 받을 수 있었을까? 나는 최 교수님을 통해서 웨슬리 선생님을 알게 되었지만, 그 후 최 교수님은 웨슬리 선생님과 교분이 거의 없었다고 한다. 그날 내가 웨슬리 선생님을 만나게 하시려고 그렇게 성령께서 나를 학교로 인도했나 하는 생각을 자주 했다. 그리고 내가 기독교 학문에 뜻을 가지게 된 것은 내가 한 것이 아니라 하나님께서 하신 일이라는 확신이 들곤 했다.

웨슬리 선생님은 이 밖에도 삶으로써 내게 많은 도전을 주셨다. 웨슬리 선생님께서 지금도 케비넷 위에서 주무시고, 집 한 칸 없이 근검절약의 정신으로 사시는 것은 많은 사람들이 잘 알고 있다. 기독교 경제학을 고민하고, 간혹 교회 등에서 기독교인의 경제적 삶을 강의하는 내가 특히 부끄러움을 느낀 이런 경험이 있었다. 1996년 미국으로 교환교수를 떠나기 직전의 일이다. 나에게 쓰던 컴퓨터를 어떻게 할 것인가 물었다. 나는 가지고 가기에는 너무 무겁고, 팔아 봐야 돈도 얼마 못 받고, 해서 그냥 창고에 넣어 두고 가려고 했다. 그런데 그것을 중고로 사겠다고 했다. 그래서 그냥 사용하시라고 했더니 자꾸 중고 가격을 쳐서 주겠다는 것이었다. 이 돈이면 어디서든지 살 수 있는데 왜 하필 나에게 사려고 하시는지 물었다. 그랬더니 내 컴퓨터를 1년간이나 창고에 넣어두고 가면 하나님의 자원을 활용하지 않는 것이니 낭비라는 것이었다. 그래서 누가 사용하든지 사용해야 한다는 것이었다. 그래서 어차피 중고 컴퓨터를 하나 사려고 했기 때문에 내 컴퓨터를 썩히는 것이 아까워 사겠다는 것이었다. 이 말을 듣는 순간 내가 얼마나 이기적으로 살았는지 되돌아보게 되었고, 하나님 나라의 자원이라는 인식을 가진 웨슬리 선생님 앞에서 기독교 경제학을 강의하는 내 자신이 한 없이 부끄러웠다.

지금도 웨슬리 선생님의 삶을 보면서 내 삶을 되돌아본다. 어느 정도의 경제적 수준을 누리며 사는 것이 하나님 앞에서 떳떳한 것일까? 나의 생활 수준이 너무 사치한 것이 아닌가 하는 등의 생각을 선생님 때문에 하게 된다.

몇 해 전에 웨슬리 선생님께서 건강이 안 좋아서 수술을 하실 때, 다른 선교사들처럼 번듯한 선교원이나 교회, 또는 학교를 세우신 것도 아니고, 하시고 싶은 네트워크를 만드는 일은 가시적으로 드러나지도 않았는데 어떻게 하나 하는 걱정이 들었다. 아마 하나님께서 이렇게 칠순까지 건강을 연장시켜 주신 이유가 우리가 아직 선생님께서 하나님께 맡으신 사명을 다 물려받을 준비가 되지 않았기 때문이 아닌가 하는 생각을 한다. 언젠가는 선생님께서 늘 말씀하신 사역을 우리가 맡아야 할 것인데, 이번 칠순을 계기로 다시 한 번 한국의 관련단체들이 힘을 합쳐서 그분의 사역을 도왔으면 한다.

9. 잠자는 나의 영혼을 흔드는 사람

■ 김성근(서울대 화학과 교수)

내가 웨슬리 웬트워스 선생을 처음 만난 것은 유학생 시절이던 20년 전 폭우가 쏟아지던 어느 여름날 늦은 밤이었다. 그는 자신 특유의 "점 조직"을 통해 유학생 아파트에 살던 우리를 찾아왔는데, 나중에 알게 된 것이지만 늘 그렇듯이 불청객으로서였다. 그의 소박한 외양은 초면에도 무척 친근감을 주었고 그날 따라 비까지 맞는 바람에 불쌍해 보이기조차 하였다. 그의 말은 다소 어눌하면서도 논조는 확신에 차 있어서 우리는 자정을 넘기면서까지 이 신기한 사람과 많은 얘기를 나누었다. 마침 그렇지 않아도 당시 하던 공부에 의미를 잃어버리고 있던 내게 "학문도 하나님의 영광을 위해"라는 그의 메시지는 강하게 다가왔다. 물론 기독교 가정에서 성장한 내게 그 같은 구호 자체는 평소 진부하기 짝이 없는 것이었지만 웨슬리의 삶을 통해 전달되는 것은 살아 움직이는 육화(肉化)된 메시지였다.

그 첫 만남에서 내가 너무 많은 동의를 해 준 탓이었을까, 웨슬리는 그후 우리의 삶에 무시로 출몰하였다. 바람같이 나타났다 사라지는 그의 뒤에는 그의 삶으로부터 도전 받아 전의를 불태우다가도 이내 세상과 타협하고 마는 나약한 우리의 모습이 늘 있었다. 그래서일까, 우리는 그의 방문을 항상 즐기면서도 그 뒤에 다가올 우리의 예견된 실패 때문에 상당한 부담으로 느끼게 되었다. 물론 칼빈이 말한 성화의 과정이라고 스스로 위로도 했지만 웨슬리가 지향하고 살아내는 삶의 수준에는 도저히 다가갈 수 없다는 것이 워낙 자명해서 솔직히 그를 피하고 싶었다. 마치 당시에 프랑코 제피렐리(Franco Zeffirelli) 감독의 영화 "브라더 썬 시스터 문"(Brother Sun, Sister Moon)을 보고 성 프란체스코의 고결한 삶이 충격적 각성이 되었지만 그만큼 그에 대한 동경마저도 내게 큰 부담이 되었던 기억과 비슷하였다. 그래서 학위를 마치고 다른 도시로 떠날 때에는 웨슬리의 미국 내 주 활동 무대에서 벗어난다는 은밀한 기쁨도 있었던 것이 사실이었다.

그로부터 1년 여가 지난 뒤 웨슬리에 대한 기억이 어느 정도 사라질 무렵 귀국하게 되었고, 더 바빠진 일상 속에 학문과 신앙 그 어느 것도 제대로 하지 못하면서 그들 간의 균형마저 완전히 잃어버리고 살고 있던 어느 날 드디어 어느 외국인으로부터 전화 한 통을 받게 되었다. 물론 우리의 웨슬리였다. 그 동안 그의 점 조직이 대폭 확대 개편 됨에 따라 이제 국내외를 가리지 않고, 심지어 새벽 날개를 펴고 바닷가에 가서 거할지라도 그의 사정권에서 벗어날 수 없음을 나는 절감하게 되었다. 이왕 일이 이렇게 된 바에야 자포자기하는 심정으로 그로부터 강한 도전이나 받자는 생각에 그를 집으로 초대했다.

그러나 오랜만에 만난 웨슬리는 예전의 그 웨슬리가 아니었다. 아니, 밖으로는 전혀 변한 것이 없었다. 여전히 어눌한 말투에, 비를 맞지 않고도 충분히 측은한 모습, 거기다 한층 더 내면적으로 강해진 확신(?)이 모든 것들은 여전히 이전의 웨슬리였지만 달라진 것은 그의 눈빛이었다.

더 이상 내게 어떤 결단을 요구하는 지하 운동권 활동가의 눈빛이 아니었다. 오히려 나의 처지를 들어주고 나의 한계에 공감하며 나의 실패에 같이 좌절하는 모습이었다. 그날 그는 아내와 어린 두 딸과 함께 살아가는 어느 평범하고 나약한 인생의 얘기를 조용히 듣고만 갔다. 빈대떡과 떡국을 먹고 아이들과 함께 장난도 치던 그가 내게 나지막이 요즘 "어떤 생활"을 살고 있는지 안부 삼아 한 마디 물었는데 그와 나는 그것이 어떤 뜻인지를 잘 알고 있다.

웨슬리는 그 이후에도 생각나면 수시로 나를 방문했지만 내 입장에서 보면 그것이 몇 개월만이건 몇 년만이건 늘 내가 영적 각성을 가장 필요로 했던 때임을 깨닫는다. 몇 년 전 큰 아이를 미국의 대학에 보낼 당시 웨슬리가 왜 기독교적 가치로 충일한 대학들을 놔두고 인본주의적 대학에 보내는지 물을 때 이 세속주의자는 할 말이 없었다. 그의 명확하고도 일관된 기독교적 우주관이 나와 같이 한 발을 세상에 담그고 사는 사람들의 문제에 어떤 현실적 대안을 제시할 수 있는지는 모르겠다. 그러나 그는 분명 내게는 70세 할아버지의 모습을 입고 찾아온 주의 사자임에 틀림 없다. 그가 가끔 찾아와 잠자고 있는 나의 영혼을 흔들어 놓지 않는다면, 나는 아마 요나와 같이 내 인생의 항해에서 배 밑바닥에 웅크리고 누워 상당히 깊은 잠을 자고 있을 것이다.

웨슬리가 십자군 전사로 부름을 받아 싸우는 이 싸움이 혈과 육에 속한 것이 아닌 줄 알기 때문에 오히려 그는 더 외롭지 않을까 생각해 본다. 일찍이 그의 고독한 싸움에 동참하기로 해 놓고도 전쟁에 나가 같이 싸우기는커녕 지금 와서 나는 절대로 군인이 될 수 없다고 이 핑계 저 핑계 대고 있는 내 모습을 보며 지금부터 군화라도 챙겨 신어야겠다고 다짐해 본다.

이 70세 홍안의 청년도 언젠가 이 땅에서의 경주를 마치고 잘 했다는 칭찬을 들으면서 여기에 우리를 남겨 두고 떠날 것이다. 엘리야가 떠난 자리에 어떤 엘리사들을 불러 세우실지 두렵게도 나 스스로에게 먼저 자문해 본다.

10. 감추인 보화

■ 김성수(고신대 교육대학원장)

어떻게 알았는지?

내가 웨슬리 웬트워스 박사님을 알게
된 것은 1984년도 초엽 남아공화국에서 유학을 마치고 귀국했을 때였
다. 지금 생각해 보면 내가 먼저 접근했다기 보다는 이 분이 내게 의도적
으로 먼저 접근했고 나는 포섭당했다고 말하는 것이 더 정확할 것 같다.
귀국 후 얼마 되지 않아 웨슬리 씨로부터 만나자는 전화를 받았다. 나는
이 분이 어떻게 나를 알고 전화를 했는지 이상하게 생각했다. 그러나 신
앙을 가진 지성인들을 발굴하고 이들을 만나 격려하며 산재해 있는 인적
자원들을 하나의 망(network)으로 묶는 일을 전공으로 삼고 있는 웨슬
리씨에게는 너무나도 자연스러운 일이었다.

잡았다 하면 놓지 않는다!

웨슬리 씨는 나와의 처음 만남에서 개별 학문에 대한 기독교적 접근과
그리스도인 학자들을 발굴하고 격려해 주어야 할 필요성, 기독교 대학과

기독교 학교의 정체성 등에 관한 자신의 관점과 비전을 들려주었다. 유학을 마치고 돌아온 나도 이런 일들을 위해 헌신할 각오를 하고 있었기에 우리의 만남은 같은 목적을 성취하고자 하는 신앙의 동지가 오랜만에 만나 대화를 나누는 것과 같은 정겹고 의미 있는 만남이 되었다. 이때부터 나는 잡았다 하면 놓치지 않는 웨슬리 씨의 '손아귀'를 벗어나지 못하고 있다.

오직 하나님의 나라를 위하여

웨슬리 씨는 개혁주의 세계관의 보급과 기독교적 학문의 증진에 유용한 자료를 보급하고, 인적 망을 구성하는 일에 아낌없이 헌신하고 희생하시는 분이시다. 그의 가방에는 언제나 다른 사람들에게 나누어 줄 논문과 책이 들어 있다. 간혹 부산에 오실 기회가 있어 집에 모시게 되면 밤늦게까지 서재에서 먹이를 찾는 사냥꾼처럼 유용한 강의안과 논문 등을 찾고 계시는 모습을 보게 된다. 그는 자신의 모든 채널을 총동원해서 미국과 호주, 카나다 등 외국 학자들의 강의를 국내에 주선하는 일을 기꺼이 하신다. 밤이건 낮이건 시간에 관계없이 필요할 때면 걸려오는 웨슬리 씨의 전화는 전형적으로 다음과 같이 시작한다.

"Hi, Sung Soo! Two things. First one is …."

그리고는 자료를 소개하거나 국내 방문 학자들의 특강을 주선한다. 웨슬리 씨의 이런 활동은 그 어느 것도 자신의 유익을 위한 것이 없이 오직 하나님 나라의 건설과 확장이라는 거룩한 목적을 이루기 위한 것이다.

개혁주의 세계관의 보급과 실천을 위한 삶

웨슬리 씨의 삶은 개혁주의 세계관을 보급하고 이를 실천하는 삶이라는 말로 표현할 수 있을 것이다. 그는 특히 한국적인 상황을 고려한 실천 (praxis)를 강조한다. 개인 생활에서는 철저하게 근면 검소하며 청지기적 의식을 실천하시는 분이시다. 미국 아이오와 주 수 센터(Sioux Center)에 소재하고 있는 돌트 대학(Dordt College)의 신학부 교수님으로 봉직하셨던 죤 밴더 스텔트(John VanderStelt) 박사님이 한국을 방문했을 때 한번은 웨슬리 씨가 자기 차로 모신 일이 있었는데, 그 차가 얼마나 오래되고 험했던지 밴더 스텔트 박사님은 "차의 먼지가 옷에 묻을까 겁날 정도였다."는 농담을 자주 하신다. 이와 같은 웨슬리씨의 청빈한 삶은 단순히 윤리적인 차원의 삶이 아니라 개혁주의 세계관을 실천하는 삶이라고 분명하게 말할 수 있다.

기독교 교육에 대한 남다른 관심

내가 웨슬리 씨를 좋아하고 존경하는 또 다른 이유는 그가 기독교 교육에 대해 남다른 관심을 갖고 있을 뿐만 아니라, 기독교 교육을 이해하는 방식이 철저하게 개혁주의적이기 때문이다. 그는 특히 기독교적 교육 과정을 개발하고 그리스도인 교사를 양성하며 훈련하는 일에 각별한 관심을 갖고 있다. 신자 부모의 교육적 권리와 책임, 그리고 신자 부모들이 주체가 되어 언약의 자녀들을 교육하는 기독교 학교 설립 운동을 기꺼이 도우려는 의지를 갖고 있는 분이시다. 그러나 이러한 의지와 함께 그는 기독교 세계관을 소유하고 이 세계관을 기초로 학생들을 가르치며 학급을 운영할 수 있는 그리스도인 교사의 양성과 훈련에 대한 관심이 없이 기독교 학교를 시작하려는 움직임에 대해서 많은 우려를 표명하시는 분이시다.

명예 박사 학위 수여, 그 보람과 의미

고신대학교는 2004학년도 학위수여식에서 웨슬리 씨에게 명예 기독교 교육학 박사 학위를 수여하는 의미 있는 일을 했다. 웨슬리 웬트워스 박사님은 고신대학교로부터 제 1호 명예 기독교 교육학 박사 학위를 수여 받은 분이시다. 기독교 교육과의 교수들과 학생 모두는 이 일을 매우 자랑스럽게 생각하고 있다. 웬트워스 박사님은 고신대학교가 자신에게 명예 기독교 교육학 박사 학위를 수여하는 것은 교육과 학문의 영역에서 하나님의 나라를 건설하고 확장하는 일을 더 열심히 하라는 채찍으로 받아드린다고 말씀하셨다. 이와 같은 그의 마음은 학위를 수여 받고 난 후 그가 한 다음과 같은 답사에서 잘 나타나 있다.

"본인은 오늘 성경적 기초에 신실한 개혁주의 대학으로부터 명예 박사 학위를 수여 받게 된 것을 참으로 영광스럽게 생각합니다. 저는 한부선 선교사님과 박윤선 박사님, 그리고 하도례 선교사님과 같은 신앙의 인물들을 생각할 때 겸허함을 느끼지 않을 수 없습니다. 지난 수년 동안 저는 손봉호 박사님으로부터 많은 격려를 받았습니다. 그러나 지금 고신 교단에서 이런 분들을 대신할 수 있는 인물들이 어디 있느냐는 도전이 제기되고 있습니다. 이런 신앙의 인물들이 더 많이 배출되어야 하지 않겠습니까? 그러므로 저는 고신대학교가 비전을 더욱 확대해서 기독교 학문 공동체를 발전시켜 갈 수 있기를 바랍니다. 그래서 여러분의 교회와 교단에 산재해 있는 모든 학자들이 함께 모여서 언론과 정치, 경제, 과학 기술 등 삶의 모든 영역에서 우리가 직면하는 문제들을 함께 생각하고 해결해 나갈 수 있도록 도전하고자 합니다. 교육의 영역에서도 우리는 기독교 공동체가 언약의 자녀들을 무슨 목적을 위해서, 그리고 어떻게 교육해야 하는지와 같은 문제에 직면해야 합니다.

기독교인 학자들을 개발하는 사역은 공동체와 네트워크, 그리고 기금을 필요로 합니다. 고신대학교가 교회에 산재해 있는 그리스도인 학자 공동체의 센터가 되는 것이 저의 간절한 소망이며 기도입니다. 그래서 이 한국 땅에서 사람들이 사고하고 행동하는 방식을 변화시킬 수 있기를 바랍니다. 왜냐하면, 그리스도께서 만물의 주님이시며 왕이 되시기 때문입니다."

내가 알고 있는 웨슬리 웬트워스 박사님의 모든 것은 그에게 학위를 수여하는 이유를 설명한 공적 조서에 잘 나타나 있다. 한마디로 그는 감추어져 있는 보화와 같은 분이시다.

11. 그 많은 돈을 다 어디에 감추어 두었을까

■ 김정욱(서울대 환경대학원 교수)

내가 웨슬리 선생님을 처음 만난 것이 1980년대 초이니까 20년 이상을 알고 지낸 셈이다. 웨슬리 선생님은 학부에서는 토목 공학을 공부했고, 나중에 환경을 전공해서 그것으로 밥 먹고 살았다는 점에서 나와 공통점을 가지고 있다. 나를 볼 때 종종 이 사실을 상기시키면서 은근히 나의 선배임을 주장하신다. 그러나 환경이니 토목이니 하는 전공 분야의 일로 서로 이야기를 나눈 적은 없다. 기독교인의 환경관이라든지 세계관이라든지 기독교 책이라든지 선교 활동에 관한 이야기만 하셨을 뿐이다. 그분의 관심 사항이 한결 같이 그것뿐이었으니까. 나한테는 특히 환경 선교에 관심을 기울여 달라면서 기독교인의 환경 선교와 관련한 책을 주시고 또 그런 생각을 가진 사람들을 연결시켜 주셔서 내가 생각을 정리하고 강의 자료를 만드는데 많은 도움을 주셨다. 손꼽아 보니 미국에서 산 것보다 한국에서 산 기간이 더 긴 것 같은데 한국에서 몇 십 년간을 사시는 동안 처음 받은 사명을 한결같이 지키고 평생 충성을 바치셨다.

　그 동안에 웨슬리 선생님 하면 내게 깊게 인상이 박힌 몇 가지 특징이 있다. 그 중 하나는 웨슬리 선생님은 미국 사람인데도 불구하고 대면해 보면 전혀 외국 사람을 만난 것 같지 않고 꼭 늘 가까이 있던 이웃처럼 느껴진다는 점이다. 그 이유는 웨슬리 선생님이 인종이나 국적이나 나이나 빈부를 전혀 무시하는 사람이기 때문이다. 부유한 사람이나 가난한 사람이나 젊은 사람이나 늙은 사람이나 기독인의 사역에 관심이 있는 사람이면 아무나 다 그의 친구가 될 수 있다. 미국 사람을 오만하다고들 하는데 웨슬리 선생님한테는 그런 냄새는 전혀 없다.

　또 하나는 극히 검소하다는 점이다. 몇 십 년을 봐도 내가 만날 때는 맨날 같은 옷만 입고 나오시는데 바로 낡은 초록색 바지에다가 낡은 셔츠 차림이 선생님의 정복이다. 사실은 하도 낡아서 그 바지가 초록색인지 회색인지 내가 바로 구분했는지도 모르겠다. 그 바지가 그렇게 오래 입어도 떨어지지를 않던데 바지가 질겨서 그런지 곱게 아껴 입어서 그런지도 잘 모르겠다. 나는 사실은 사람이 입는 옷이나 색깔에는 전혀 관심이 없는 사람이라는 것을 밝혀 둔다. 으음. 그래도 몇 십 년을 같은 옷을 입다보니 나도 알아 차렸다. 옷뿐만 아니라 사는 집이며 가구며 모든 것들이 도저히 미국 사람이라고 보기 어려울 정도로 멋을 안 부리고 검소하게 산다.

　웨슬리 선생님은 델라웨어 출신이라고 알고 있는데 내가 전에 뉴저지 주의 랏거스(Rutgers) 대학에서 여름 방학을 지낸 적이 있었다. 그 동안에 마침 선생님도 안식년을 지낸다면서 고향에 와 있었다. 델라웨어와 뉴저지는 바로 이웃한 곳이라 가까운 곳에 있다면서 나를 데리고 뉴저지며 필라델피아 일대 여기저기를 데리고 다닌 적이 있다. 네 군데서 바람이 나오는 에어콘 달린 차를 가지고 데리러 오겠다 해서 좀 편하게 다니게 되었구나 하고 있었는데, 그 차라는 것이 가관이었다. 자동차 창문 네

개를 다 열고 달릴 때 들어오는 바람이 바로 웨슬리 선생님이 말하는 에어콘이었다. 미국에서 에어콘이 없는 차는 그때 처음 봤다. 차도 얼마나 낡았던지, 한국 사람들은 짐작하기가 어려울 것이다. 그렇게 낡은 차는 한국에는 없으니까. 고속도로를 쌩쌩 달리면서 네 창문으로 들어오는 바람은 정말 굉장했다. 차에서 내릴 때마다 나는 사람 만나기 전에 머리 다듬느라고 신경을 많이 써야 했다. 나는 옆머리를 길게 길러서 위를 덮는 그런 헤어스타일을 하고 있으니까. 그때 같이 다니면서 입은 바지와 셔츠도 물론 늘 보던 그거였다.

그런데 미국에서 나를 데리고 다닌 곳도 모조리 한국 사람들 모임뿐이고 만난 사람도 전부 한국 사람들이었다. 미국 사람은 한 사람도 못 만나봤다. 한국 유학생, 한국인 교수, 한국 사람 성경 공부 모임, 한국 교민 교회, 한국 식당, 이런 곳들만 다녔다. 무슨 안식년이라더니 미국에서도 한국 사람 상대 선교 활동을 풀타임으로 하고 있었다. 그래서 나는 여름 방학 동안에 미국에서 쉬려고 하고 있었는데 웨슬리 선생님을 만나는 통에 바쁘게 여기저기 모임에 초청받아 다녀야 했다. 그 때 웨슬리 선생님이 미국에서 하신 일이 바로 한국에서 수십 년간 한결같이 해오신 일이다.

그런데 내가 웨슬리 선생님에 대해서 궁금한 것이 하나 있다. 지금은 좀 사정이 약간 달라졌지만, 옛날에는 미국 사람들이 받는 월급은 우리 돈으로 치면 굉장한 돈이다. 그런 월급을 받아서 결혼도 안 했겠다 애들도 없겠다 옷도 안 사 입겠다 먹는 것도 그렇지 도무지 한국에서 돈 쓸 일이 없어서 큰 재물을 모을 수 있었을 것이다. 그런데 그 재물을 어디다 다 쌓아 두었나 하는 것이 나의 의문이다.

12. 나그네에겐 길동무가 있어야 한다

■ 김태황(천안대 경상학부 교수)

기독교인은 누군가를 '닮아가고자' 하는 정신과 '닮아가는' 기술을 가져야 한다. 닮는 기술은 기능적인 기술이 아니라 정신과 결합된 실천력을 의미한다. 예수 그리스도가 닮아갈 첫 번째 대상이요, 두 번째는 그리스도인이라 불려지는 과거와 현재의 그의 제자들이다. 신앙의 선배들 또는 주위 형제자매들이 결코 예수 그리스도보다 우선적인 닮음의 대상이 될 수는 없지만, 현실에서 오감을 통해 그들의 삶을 직접 관찰할 수 있으므로 예수 그리스도께서 계시는 저 편으로 나아갈 수 있는 징검다리의 역할을 하기도 한다. 하나님을 알고 경외하는 것이 모든 지혜의 근본이다(잠9:10). 근본은 시작을 의미한다. 나는 출발선에서 시작하자마자 곧 주저앉아 허우적거릴 때마다 위로부터 내려오는 지혜의 묘미를 놓치고 만다. 나는 출발선에서 저만치 앞서가는 누군가를 날마다 닮아가야 하는 절실함에 보다 깊이 빠져들게 된다. 내가 아무리 오른팔로 왼팔을 잡아 당겨도 두 발은 여전히 멈춰서 있으니 함께 발맞춰 뜀박질할 동지를 갈망하게 되었다.

내가 웬트워스 선교사님을 처음 만나 뵙게 된 것은 약 4년 전 기학연 세미나실에서였다. 그 때도 지금처럼 격자무늬 셔츠를 입고 계셨던 기억이 난다. 공부하기 싫어하는 고등학생이 마지못해 대충 어깨에 걸치고 다닐 물건처럼 보였던 갈색 계통의 보잘것없는 배낭을 60대 중반의 연로하신 어깨에서 내려 놓으셨던 기억도 난다. 당시엔 얼핏 보기에 참으로 초라하신 모습이셨다. 셔츠 안의 평화롭고 열정적인 가슴과 배낭 안에 감춰진 올곧은 판단력과 소명의식 그리고 이를 실천하시는 삶의 자락을 나의 근시안이 전혀 알아차리지 못하였기 때문이다.

나의 전공이 경제학임을 확인하신 후에는 한국 경제가 어떠한 상태이며, 기독교인으로서는 어떻게 보고 있느냐는 질문을 하셨다. 나는 장황한 얘기를 늘여 놓았던 것으로 기억한다. 마치 올림픽 경기에서 어떻게 하면 미국이 수영과 육상에서, 한국이 양궁에서 금메달을 독차지할 수 있느냐는 질문에 잘 하면 된다거나, 열심히 하면 된다는 식의 대답을 했던 것 같다. 웬트워스 선교사님은 그저 고개를 끄덕이시거나 "Yes"라는 형식적인 짧은 추임새로만 응하셨던 것으로 기억된다. 진지한 토론 시간이 아니라 자유롭게 대화하는 분위기였으므로 구체적인 질문으로 추궁하지는 않으셨지만, 나로서는 기독교인의 눈으로 경제를 보지 못하고 있음이 탄로가 난 것을 내심 부끄러워 할 수밖에 없었다. 이 부끄러움은 지금도 유채색 언행으로 인해 위장되어 있을 뿐 그때와 마찬가지 수준이 아닐까 두렵다. 여전히 지혜의 근본(시작)에 안주하면서 응용력을 키우지 못하고 있는 것이다.

그 후 선교사님과는 기학연 실행위원회나 여러 행사에서 종종 마주쳐서 개인적으로는 단편적인 대화를 나누었을 뿐이지만 그 분의 인상은 강하게 남아 있다. 빠른 어투로 쏟아내는 여러 사람들의 논의를 제대로 이해하시는 것 같지 않으면서도 논란과 고심의 맥을 짚어 내시곤 했다. 가

감 없이 진솔하게 표현하시고 행동하시는 모습은 꾸부정하신 어깨에 고민의 비밀 돌파구를 숨겨 놓으시고 시시때때로 하나씩 공개하시는 것 같았다. 그 분은 기독교인으로서 일관된 열정과 소명의식을 보이고 계신다. 내가 한번도 들여다 본 적은 없으나 한국기독학생회출판부(IVP) 건물 한 편에 있는 그 분의 조그만 쉼터는 이제 고희(古稀)를 맞으시는 그 분의 심신(心身)을 끌어당길 만도 할 것이다. 하지만, 한국 기독교 출판 활동과 학문 활동 및 교육 선교 활동에 대한 여일하신 열정과 소명의식은 지혜의 출발선에서 어슬렁거리는 나를 강하게 자극하신다. 나에게 '닮아갈' 대상이 되시고, '닮아가는' 기술을 시범으로 보이시는 것이다. 우리들의 삶은 본향을 향해가는 나그네길이 아닌가? 웬트워스 선교사님은 아무 말 없이 나그네길을 가고 계신다. 그 분이 길동무를 청하지 않아도 자청해서 내 갈 길을 돌려 그 분과 동행하고 싶은 정감을 받게 되는 것이다. 모든 일에 배부르고 어떠한 형편에든지 자족하기를 터득한 제자의 모습이라면 지나친 표현일까?

> "근심하는 자 같으나 항상 기뻐하고 가난한 자 같으나 많은 사람을 부요하게 하고 아무것도 없는 자 같으나 모든 것을 가진 자로다"(고후 6:10).

나의 삶이 지향하는 바를 이 땅에서 미리 보여 주시는 듯하다. 나는 분주한 일상 생활에서 침잠하여 평안의 시간을 가져야 함을 배운다.

하나님과 인간과의 관계는 일대일 대응이다. 모든 인간은 예외 없이 하나님 앞에서 홀로서기를 해야 한다. 우리 모두는 단독 인격체로서, 예수 그리스도의 이 땅에 오심과 죽으심과 부활하심과 다시 오실 것을 믿고 체험해야 한다. 누구도 대신해 줄 수 없기 때문이다. 이집트로 건너간 야곱의 70명 식구들, 다시 이집트를 탈출한 200만 명에 달하는 이스라엘 백성들과 이방 민족들, 오병이어를 경험한 5천 명의 군중이 모두 단

일 집단으로 하나님의 부르심을 받았다 하더라도 홀로 선 개인들의 집단적 표상이다. 하나님 앞에서 홀로서기로 검증이 되지 않은 사람이 공동체적 구원에 무임승차하기란 불가능하다. 그렇지만, 때로는 홀로서기가 지나친 자기몰입이나 교만이나 아집으로 침몰할 수도 있다. 나침반을 전달해 주거나 대신 봐 줄 동지가 필요하다. 신앙의 동지는 내가 어디에 어떻게 서 있는가를 발견하고 왜 이러고 있는 지를 생각하게 하고 어디로 나아가야 할지를 판단할 때에 도움을 줄 수 있다.

나는 이제 기학연 활동에서 나의 정체성을 되돌아보고 있다. 함께 '닮아가고자' 하는 정신이 나약하였고 '닮아가는' 기술이 미숙한 나를 새삼스럽게 재발견하게 되는 것은 결코 우연이 아니다. 내가 인식하지 못한 동지의 그림자가 나를 드리우고 있었던 것이다. 신앙과 학문의 통합이라는 까다로운 활동 목적을 지닌 기학연으로서는 웬트워스 선교사님의 경륜이 소중한 자산이 되었다.

13. '걸어 다니는' 인터넷

■ 박창균(서경대 철학과 교수)

먼저 고희를 맞이하신 웬트워스 선생님께 가슴 깊이 우러나오는 축하의 말씀을 드리고, 앞으로도 건강하신 중에 많은 열매를 바라보시며 보람을 느끼셨으면 한다.

항상 편하게 대해 주셔서 선생님이라는 단어가 어색하게 느껴지지만, 선생님을 생각하면 떠오르는 것은 뒤에 메고 다니시는 가방과 친근한 미소이다. 가방에는 늘 전달하시려는 책이 가득하고 따뜻한 미소 뒤에는 하나님 나라를 위한 강한 신념이 배어 있다.

선생님은 많은 사람을 알고 계신다. 그래서 관심이 있는 분야의 사람들을 연결시켜 주신다. 뿐만 아니라 헌신적으로 주시는 정보와 자료는 참 귀하고 소중하다. 인터넷이 오늘날 보편화 되었지만 선생님은 인터넷이 널리 활용되기 전 이미 '걸어 다니는' 인터넷이셨다. 외람된 표현인지는 모르나 선생님의 사역의 일면을 드러내기에 붙여 본 것이다. 선생님을 통해서 많은 사람들이 연결되어 하나님 나라에 대한 열망을 더 뜨겁게 가지고 특히 기독교 학문의 가능성과 신앙과 학문의 통합을 꿈꾸었다. 그리고 선생님이 주시는 책에 대한 정보와 직접 전달해 주신 책들은 학문적 시야를 넓히고 특히 기독교적인 관점에서 일관성 있는 시각을 가지는데 큰 도움이 되었다. 이것은 물론 나의 경우뿐만 아니라 다른 많은 사람들도 마찬가지일 것이다. 선생님을 아는 많은 사람들이 느끼는 친근감에는 다소 차이가 있겠지만 최근 몇 년 동안 거의 뵙지 못한 '말석'에 있는 내가 느끼는 선생님이 이러하니 다른 분들의 느낌은 더욱 각별할 것이다.

　선생님은 일상에 매몰되어 있는 나를 항상 돌이켜 보게 한다. 멀고 낯선 이국땅에 오셔서 불편한 일이 한 두 가지가 아니셨을 터인데 한국에서의 삶은 근검과 청빈 그 자체라고 생각한다. 이러한 희생과 헌신은 소명이라는 단어를 떠올리지 않고 이해할 수 없는 일이다.

　몇 년 전에 삼선교 부근에 사실 때 거처하시는 방을 보고 마음이 너무 괴로웠던 적이 있다. 그 추운 겨울에 방이랄 것도 없는 조그마한 공간에 난방 시설도 제대로 되어 있지 않은 냉방에 침대하나만 덩그러니 놓여 있던 것을 목격하고 내 자신의 삶이 너무 안일한 것이 아닌가 하는 부끄러움에 얼굴을 가리고 싶었다. 주변에서 아무리 좀 편하게 모시려고 해도 추위에 강하다고 하시며 이것으로 족하다고 완강하게 거절하셔서 주변 분들은 어쩔 줄 몰라 하셨다. 솔직히 그 후 상당 기간 동안 잠을 청할 때마다 선생님께 죄송스러웠다.

　최근에는 잘 뵙지 못해서인지 가끔 필요한 정보를 e-mail을 통해 주시곤 하는데 나는 제대로 답장도 못해서 죄송한 마음을 가지고 있다. 영문학을 가르치는 아내에게도 좋은 자료를 제공해 주시고 아들이 기독교적인 시각을 가지는 것에 큰 관심을 가지고 배려해 주셨다.

　나는 성격상 다른 사람의 도움을 받는 것을 꽤 부담스러워하는 편이다. 그래서 아내는 다른 사람에게 주려고만 하지 말고 (그렇다고 특별히 다른

사람들에게 잘해 준 것도 별로 없지만) 받는 것에 좀 익숙해져야 한다고
한다. 오히려 다른 사람을 배려하지 못하는 것이라고까지 충고를 하곤 한
다. 나는 소위 '착한 사람 콤플렉스'에 빠져 있는지도 모른다. 이러한 결
벽에 가까운 반응을 보이는 내게 선생님은 아주 특별하고 예외적인 분이
시다. 그리고 아마 내가 가장 뻔뻔하게 신세를 지고 있는 분이실 것이다.
나는 이미 선생님의 삶의 도덕성에 압도되어 항복했는지 모른다.

　나는 선생님이 단순히 정보를 전달하시는 분이라고 생각하지 않는다.
선생님이 주시는 정보는 선생님에 의해 선택된 정보이다. 내게 말씀하시
려는 분명한 내용이 있다. 이제 선생님이 주신 자료를 정리하여 다른 사
람에게 소개하고 나누어야 한다고 생각하고 있다. 이렇게 하는 것이 이
제껏 베푸신 것에 대한 아주 작은 보답이 아닌가 생각한다.

　선생님을 맨 처음 뵈었던 것은 1980년대 중반 미국에서였던 것으로
기억된다. 유학생들의 성경 공부 모임이었던 것으로 생각하는데 어떻게
그곳까지 오셨는지 아직도 신기하게 생각한다. 그 때 기독교적 세계관과
학자들의 네트워크의 중요성을 강조하셨던 것으로 기억된다. 그 때는 잘
몰랐는데 귀국해서 보니 그 모임에 오신 분이 바로 웬트워스 선생님이라
는 것을 알게 되었다.

　선생님은 그 후 뵐 때마다 거의 같은 모습이셨다. 예의 그 가방을 뒤에
메시고 각종 모임 때마다 참석하셔서 사람들을 격려하시고 필요한 책이
나 정보를 주시곤 했다. 이 한결 같은 모습이 내 마음속에 늘 남아 있다.
신앙과 학문의 통합도 선생님의 삶도 어쩌면 일관성이라는 단어가 공통
적으로 적용될지도 모른다고 생각한다.

　"선생님, 다시 한 번 생신을 축하드립니다. 더욱 건강하시고 항상 주님의
　은혜가 함께 하시기를 기도합니다."

14. 내게 너무나 소중한 당신

■ 양성일(한양대 전자컴퓨터공학부 교수)

1980년대 중반 미국 텍사스 오스틴(Texas Austin)에서 유학 생활을 하던 시절, 하루는 한국에서 오셨다는 미국인 한 분이 찾아오셨다. 어떻게 여기까지 오셨느냐고 물으니 차를 타고 미국을 일주하는 중에 잠시 들르셨단다. 한국에서 오신 그 미국인이 바로 웨슬리 웬트워스 선교사이시다. 웬트워스 선교사는 그렇게나 먼 이국땅에 있는 나를 찾아와 나를 만나주셨다.

웨슬리 웬트워스 선교사의 행색은 범상치 않아 보였다. 무엇보다도 미국을 일주하는 중이라는데 그가 몰고 온 차는 십리도 못가 발병 날 정도의 고물차가 아니던가? 20여 년이 지난 지금에야 그 고물차가 포니였는지 티코였는지는 기억조차 나지 않지만, 어쨌든 하도 걱정이 되어 차를 걱정했던 기억만은 아직도 생생하다. 그런데 더욱 놀라운 것은 웬트워스 선교사의 반응이었다.

"이래뵈도 클래식 음악을 들을 수 있는 차예요. 클래식 음악이 있어서 외

롭거나 힘들지 않게 여행을 할 수 있어 하나님께 얼마나 감사한지 몰라
요."

이 말씀을 듣는 순간 이미 기선은 제압되었고 승부는 결정되었다. 그
순간 이미 웬트워스 선교사의 말이라면 마음속 깊은 곳으로부터 얼마든
지 설복당할 준비가 되어버렸던 것이다.

믿음의 형제들을 모아 달라고 하여 몇몇 유학생들을 나의 집으로 불러
들였고 그 때 처음으로 웨슬리 웬트워스 선교사를 통하여 기독교학문연구
회의 소식을 들을 수 있었다. '우리 각자의 전공 학문이 신앙과 통합될 수
있다니?' 놀라왔다. 웬트워스 선교사의 고물차에 가득 싣고 온 책 중에서
몇 권의 책을 구입하여 읽게 되었고, 신앙과 전공의 통합이라는 꿈을 꾸기
시작하였다. 그렇게 기학연과의 인연은 먼 이국땅에서 내가 만난 웬트워
스 선교사를 통하여 맺어지게 되었다. 고물차를 몰면서도 클래식 음악이
있음으로, 하나님께 감사하며 먼 길 기쁘게 달리는, 한국에서 온 미국인
웨슬리 웬트워스 선교사! 지금도 그 분 앞에만 서면 내 마음은 작아진다.

기학연의 연구 활동 소식을 전해 듣는 중에 매우 귀에 익은 이름 석자
가 들려왔다. "양성만?" 어디선가 많이 듣던 이름인데 혹시 아우 성만?
웨슬리 웬트워스 선교사에게 양성만이라는 분이 내가 잘 아는 사람인가
확인을 하기 시작했다. 그런데 그 양성만이 내 아우임이 분명하지 않은
가? 그래 가만히 있을 수가 없어서 소리쳤다.

"양성만은 제 동생인데요?"

"Is he your brother? He is my friend!"

아우 양성만을 매우 잘 아는, 아우를 친구라고 소개하는 웨슬리 웬트
워스 선교사를 먼 이국땅에서 만나다니! 세상 참 좁기도 하다.

미국에서의 유학 생활을 마친 후 한양대학교 안산캠퍼스에서 교수 생활을 시작하였다. 신앙과 전공의 통합이라는 꿈을 이제는 펼쳐보리라는 포부를 감히 품어보기는 하였지만, 교육 현장에서의 신앙과 전공의 통합은 그리 쉬운 문제가 아니었다. 몇 년을 그렇게 홀로 교육 현장에서 고민하다가 마침내 기학연의 문을 두드렸다. 그런데 기학연 그곳에서는 미국에까지 나를 찾아와 만나주었던 웨슬리 웬트워스 선교사가 나를 또 기다리고 있었다. 우리는 텍사스 오스틴에서의 오래전 기억을 더듬으며 반갑게 해후하였다. 그리고 웬트워스 선교사는 형의 안부를 물었다.

"형이라니? 누구요? 성만이요? 아 내 아우 성만이요?"

그렇게 기학연의 발을 들여놓음과 동시에 형제의 논쟁은 시작되었다.
기학연에 가면 언제나 그곳에서 웨슬리 웬트워스 선교사를 만날 수 있었고, 만나면 그 분은 꼭 형의 안부를 묻고는 했다.

"그는 내 동생이라니까요!"

아무리 내가 항변해도 소용이 없다. 만나면 웬트워스 선교사는 또다시 형의 안부를 묻고는 했다. 그렇게 형제의 논쟁은 수년간 계속되었다. 안되겠다 싶어 마지막 히든카드를 꺼내들었다.

"키가 큰 자가 형입니다!"

그 마지막 카드에 웬트워스 선교사는 드디어 키가 큰 내가 형이라는 것을 인정하게 되어 형제의 논쟁은 종지부를 찍게 되었다.
기실 웨슬리 웬트워스 선교사가 형의 안부를 통하여 묻는 바는 교육 현장에서의 기독교 세계관 접목에 대한 열정과 기학연이 주님께로 부여받은 사명에 대한 확인이었음에 분명하다. 그 분은 고물차 같은 내게 큰 위로를 주는 클래식 음악 같은 분이시며, 성만 아우보다 키만 큰 내게 신앙과 전공의 통합으로 늘 도전하는 큰 형님 같은 분이시다. 웬트워스 선교사가 없이는 오늘의 나도 없음이 분명하다. 큰 형님 같은 그 분이 없이는 오늘의 나도 결코 존재할 수 없다.

미국을 떠나던 차에 아내에게 한 약속을 하였었다. 학생으로 공부하던 시절에 여행다운 여행 한 번 못해 보았으니 여행 5개년 계획을 세워서라도 5년 후에는 미국 여행을 한 번 하겠노라고 약속하였던 것이다. 1994년 여름 그 약속을 지키기 위해 다시금 미국을 찾게 되었다. 이왕 여행을 할양이라면 유학생을 만날 때마다 그들과 신앙과 전공의 통합을 이야기하리라 마음먹었다. 오래 전의 고물차를 타고 내가 유학 생활하던 텍사스 오스틴에까지 찾아왔던 웨슬리 웬트워스 선교사의 열정을 생각해낸 것이었다. 이곳저곳 연락을 하던 차에 미 대륙 구석구석에 위치한 여섯 도시에서 기독교 세계관 세미나를 계획하게 되었다. 이제 차를 몰고 구석구석을 찾는 수밖에는 다른 방법이 없었다. 그렇게 미국 일주 기독교 세계관 제1차 여행은 시작되었다.

미국 일주 기독교 세계관 제1차 여행은 LA에서 시작하여 LA로 돌아오는 대장정이었다. 그러나 우리는 고물차가 아닌 새 차를 렌트할 수 있었다. 예전에 한국에서 온 한 미국인보다는 미국에서 돌아온 한국인이 그새 더 부자가 되었나보다. 그렇게 「창조·타락·구속」을 가득 실은 새 차는 미국의 22개주를 서에서 동으로 또 남에서 북으로 그리고 동에서 서로 가로지르며 10,000여 마일을 달려갔다. 장거리 여행이라도 온 가족이 함께 하는 여행이었기에 즐거운 마음으로 차를 몰 수 있었지만, 그래도 클래식 음악이 있음으로 해서 여행이 힘들지 않았다. 정말이지 웨슬리 웬트워스 선교사의 고백처럼 클래식 음악으로 인해 하나님께 감사할 수 있는 여행이 되었던 것이다.

　웨슬리 웬트워스 선교사는 신앙과 학문의 통합에 대한 열정뿐만 아니라 클래식 음악의 참 맛을 내게 알려주신 분이시다. 오늘도 기학연에 가면 그 분을 만나리라는 기대감으로 가슴은 벅차오른다. 교육 현장에서 또는 삶의 현장에서 신앙과 학문의 열정이 식어가며 힘들고 외롭다고 느낄 때마다 클래식 음악 같이 감미롭게 나를 위로하시는 분, 형님 같이 포근하신 분, 이러한 웨슬리 웬트워스 선교사를 만나게 하신 하나님께 무한 감사를 드린다. 미국의 조그마한 한 도시 텍사스 오스틴에 있는 아주 미천한 나의 집을 찾아 주어 나를 만나 주고 신앙과 학문의 통합에 대한 열정뿐만 아니라 클래식 음악의 참 맛을 친히 알려 준 웨슬리 웬트워스 선교사, 과연 그분은 내게 너무 소중한 당신이시다.

15. 한국 기독학계의 소크라테스 겸 바울과의 만남

■ 유재봉(성균관대 교육학과 교수)

내가 웨슬리 선생님을 처음 대면한 것은 묘하게도 기독교학문연구소에 적극적으로 참여하게 되는 시점과 거의 같은 시기이다. 그것은 지금으로부터 5년 전인 기독교학문연구소 창립 세미나에서였다. 그 세미나는 나를 기독교학문연구소와 웨슬리 선생님을 동시에 만나게 하는 천재일우의 기회를 제공하였다. 그도 그럴 것이 나는 기독교적인 관점에서 학문하는 것에 대해 한참 목말라 있었으나, 그것을 채울 수 있는 계기를 마련하지 못하고 있었기 때문이다. 이 만남이 지금까지 나의 생애에 얼마나 귀한 만남인가를 말하기 위해, 다소 장황하지만 이에 관련된 나의 인생행로를 이야기 해두는 게 좋을 듯하다.

내가 기독교적 교육학에 대해 고민하기 시작한 첫 계기는 1988년 가을 학기에 고신대학교의 기독교 교육과에서 '한국 교육사', '교육 철학' 등을 가르치면서부터였다. 그 당시 내가 가장 고민했던 주제는 '기독교적인 관점에서 한국 교육사, 교육 철학을 어떻게 보아야 하는가' 였다. 그

때부터 도서관에 있던 기독교 교육에 관련된 서적과 연구들을 탐독하기 시작했다. 그러나 이내 실망하고 손에서 책을 놓았다. 그 실망은 기독교 교육 철학을 비롯한 기독교 교육 분야의 학문적 성격 내지 정체성이 분명하지 않은 데 따른 것이다. 도대체 기독교 교육 철학은 교육 철학에다 기독교 교리 내지 신학을, 기독교 교육학은 교육학 이론에다 신학을 양념 삼아 넣은 것에 불과하다는 것이란 말인가. 그 뒤 '기독교적인 관점이란 무엇인가'를 공부해야 되겠다는 일념으로 신학대학원에 입학하기도 했다. 그러나 그곳도 목회자를 양성하는 곳이기 때문에 목회와 관련된 신학 내용을 많이 가르쳐 주기는 했으나, 여전히 내가 바라는 기독교적 안목을 길러 주기에는 부족하였다. 이리저리 마음만 가지고 있었을 뿐 기독교적 학문에 대한 아무런 훈련도 성과도 없이 시간만 허비하고 있었다. 그러다가 영국에서 교육학을 공부할 기회가 주어졌다. 나의 마지막 공부가 될지도 모르는 이 기회를, 나는 '아퀴나스의 자유교육론'이라는 주제로 내가 지금껏 빚져온 기독교와 교육학을 어떤 식으로든 연결해 보고 싶었다. 그리하여 도서관에 파묻혀 의욕적으로 아퀴나스에 관한 방대한 자료에 훑어 나가기 시작하였다. 그러나 일년 동안의 노력은 라틴어의 한계로 수포로 돌아가고, 물론 아퀴나스와 관련된 연구이기는 하였지만, 애초에 가졌던 당찬 꿈은 아쉽게도 접어야 했다.

유학을 마치고 귀국한 뒤, 나는 하나님 앞에 두 가지 마음을 동시에 가지고 있었다. 하나는 지난 10여 년간의 과제였던 나의 학문적 두 축인 기독교와 교육학을 연결하는 작업을 유학 기간 동안에 성공적으로 수행하지 못한 것에 대한 죄송한 마음이었다. 다른 하나는 어느 정도 서구의 선진 학문적 훈련을 받은 입장에서, 이제는 그 일을 더 이상 미루어서는 안된다는 다짐이었다. 이런 미안함과 다짐 사이에서 갈등하고 있던 차에, 그리고 너무 빠르지도 너무 늦지도 않은 시점에, 나는 평생 기독교적 학문을 해 나가는 데 있어서 든든한 후원자를 만나게 된 것이다. 그것도 기독교학문연구소와 웨슬리 선생님을 한꺼번에 말이다. 기독교학문연구소는 마음 놓고 기독교 학문을 할 수 있는 든든한 배경이 되어 주고 있으며, 웨슬리 선생님은 뒤에서 우리들에게 그러한 활동을 하도록 격려하시며, 때로는 채찍질하시는 분이시다. 이 어찌 축복이 아니라고 하겠는가.

하여튼 간에 이때 이후 나는 소위 '기독교적 학문', '기독교적 교육학'에 발을 깊숙이 담그게 된 셈이다. 부끄럽게도 아직 이 분야에 뚜렷하게 내세울 만한 아무런 업적을 내지는 못하고 있었지만, 그래도 지속적으로 기독교적 관점에서 교육학을 고민하고, 공부하고, 세미나를 할 수 있었던 것은 기독교학문연구소와 웨슬리 선생님 때문이다.

웨슬리 선생님과 더욱 가까이 친분을 유지하게 된 것은 2년 반 동안 기독교학문연구소의 교육학 분과장(현 교육학연구회장)을 맡으면서부터였다. 웨슬리 선생님은 모든 학문 분야에서 기독 학자들을 연결시켜 주고 관련된 서적을 구해 주시는 분으로 잘 알려져 있지만, 특히 교육 문제에 관심이 많으신 분이다. 그러다 보니 매월 2회 하는 교육학 분과 세미나의 단골 참석자였으며, 거기서 수시로 기독교적인 관점에서 질문을 던지고 토론을 하셨다.

더욱 귀하고 감사하게 생각하는 것은 건실한 기독교적 세계관에 바탕을 둔 서구의 저명한 기독 학자와 기독 교육자의 교류를 수시로 주선하여 온 점이다. 선생님은 우리가 그들과의 세미나와 토론을 통해 기독교 전통에 대한 국제적인 안목을 키워 주셨으며, 선진 기독교 국가에서 교육 이론과 교육 실제를 실지로 어떻게 해 나가는가를 배울 수 있게 해 주셨다. 나아가 그것을 한국의 맥락 속에서 어떻게 적용하고 실천할 것인가를 고민하도록 도와 주셨다.

나 개인적으로도 웨슬리 선생님께 많은 빚을 지고 있다. 그 분은 수시

로 내 연구실에 들려 책과 함께 여러 과제 내지 고민을 던져 주신다. 그
것은 크게 두 가지이다. 하나는 기독 교수로서 교육 철학을 어떻게 가르
쳐야 하고, 실지로 어떻게 가르치고 있느냐에 관한 것이다. 다른 하나는
교육이론가로서 교육 실천에 어떻게 접목할 것인가의 문제이다. 서재 한
곳에 나의 기독교 학문 관심 분야의 책과 나란히 놓여있는 웨슬리 선생
님께서 주신 책을 볼 때마다, 그리고 그가 내 연구실에서 나눈 수많은 대
화를 생각할 때마다, 나는 웨슬리 선생님에 대한 감사한 마음을 잊을 수
가 없다. '대학의 경쟁력 제고'라는 치열한 경쟁을 요구하는 현실에 부
딪쳐, 기독 교육학자로서 사명이 뒷전으로 밀려가거나 잊혀져 갈 때마
다, 웨슬리 선생님의 방문과 그분이 주신 책은 나로 하여금 다시 기독 학
자로서의 사명을 각성시켜 주기 때문이다. 그러면서도 요즘 들어 나는
그 분이 던져 주신 과제를 재빠르게 하나하나 주워 담지 못한 것에 대한
아쉬움과 회한이 문득 문득 든다. 그랬더라면 교육학 방면에 관한 다소
축적된 연구물이 나왔을 텐데….

웨슬리 선생님은 하나님께서 이 시대에 한국에 보내신 소크라테스요,
바울 같다는 생각이 든다. 소크라테스처럼, 선생님은 지적으로 게으르고
빈둥거리는 나를 비롯한 한국의 기독 학자들을 부지런히 찾아다니시며
지적 각성과 성찰을 촉구하신다. 더 나아가 선생님은, 바울이 그랬던 것
처럼, 한국의 기독 학자들로 하여금 자신이 연구하고 있는 학문을 부단히
하나님 나라의 건설과 확장에 비추어 반추하도록 하신다. 선생님은 나에
게 곤혹스러우면서 반드시 가져야 할 유익한 이런 저런 질문을 주신다.

"유 선생, 기독교적으로 교육 철학 한다는 것은 무엇이오?"
"기독교 학자로서 유 선생은 실제로 학생들에게 교육 철학을 어떻게 가
르치시오?"

“이런 저런 교육 철학이나 사조를 기독교적인 관점에서 어떻게 보아야
하오?”

“현행 한국 교육 과정에 깔려 있는 논리적 가정은 무엇이고, 그런 것을
어떻게 비판해야 하오?”

“기독 교육 철학자로서 교육 현장을 얼마나 알고 있으며, 교육 실제에 얼
마나 도움을 주고 있소?”

모르기는 해도, 이러한 성찰을 요구하는 질문들은 비단 나에게만 주어
진 것이 아니다. 그러한 질문은 그가 만나는 다른 모든 사람들에게도 유
사한 방식으로 주어졌을 것이고, 실제로 여러 차례 목도하기도 했다. 이
러한 난처하고 예리한 질문을 받게 되면, 소크라테스나 바울의 시대의
사람들이 그랬던 것처럼, 한국의 기독 학자들도 성가시게 생각하여 피하
고 무시하거나, 심지어 뒤에서 수군수군 거리며 욕하는 사람도 있을 지
도 모른다. 그리고 소크라테스나 바울 시대의 사람들이 그랬던 것처럼,
어쩌면 세월이 지난 후에야 웨슬리 선생님의 귀한 헌신적인 사역을 뒤늦
게 깨닫고 때늦은 후회를 할지도 모른다. 그러나 웨슬리 선생님은 이에
아랑곳하지 않고 지금껏 그래 왔듯이, 앞으로도 이 땅에 묻히는 그 날까
지 하나님께서 주신 비전을 한국 기독학자에게 계속 외치실 것이다.

이제 나는 웨슬리 선생님의 외치심을 공허한 메아리가 되지 않게 해야
할 무거운 책무를 느낀다. 개인적으로는 내가 공부하고 가르치고 있는
교육학을 기독교적인 관점으로 체계화하는 일이고, 공동체적으로는 기
독교학문연구소의 학술지인 『신앙과 학문』을 통해 다양한 학문과 실제
를 심도 있게 기독교적으로 조망하는 일을 하는 것이다. 그 일을 성공적
으로 수행하기 위해서, 우리는 학문을 하는 데 있어서 아카데믹한 측면
에서 소크라테스적 부담을, 그리고 기독교적인 측면에서 바울적 부담을

동시에 가지고 살아야 한다. 그러기에 이 땅에 소크라테스적 사명과 바울의 사명을 동시에 가진 헌신적인 하나님의 사람이 필요했으며, 하나님께서 그에 부합하는 웨슬리 선생님을 40년 전에 보내 주신 것으로 생각된다.

30세의 젊은 청년 웨슬리는 기독교 학문적으로 척박한 한국 땅에서 낯선 문화와 대면하며 수많은 실망과 좌절, 그리고 남모르는 어려움을 겪었을 것이다. 그러한 가운데서도 자신에게 주어진 일을 묵묵히 감당하도록, 고희가 될 때까지 우리 선생님을 선하게 인도해 주신 하나님께 감사드린다. 바라건대, 선생님의 육신의 힘이 떨어지는 정도에 비례하여 한국 기독 학계가 성숙해지길 기원한다. 아마 그것이 웨슬리 선생님의 가장 큰 소망일 것이고, 우리가 이제 그에 응답해야 할 차례인 것 같다. 웨슬리 선생님의 잔소리(?) 없이도, 한국 기독 학계가 학문이나 기독교 관점 면에서 명실상부한 수준으로 올라서는 일 말이다.

16. 내 삶의 등에

■ 이경직(천안대 기독교학부 교수)

1982년 IVF 여름 수련회가 총신대 사당동 캠퍼스에서 열렸다. 갓 대학새내기로서 처음 수련회에 참여했던 나에게는 여러 가지로 많은 의미가 있던 수련회였다. 손봉호 교수님께 어려운 질문을 던졌다가 (지금 생각하면 맞는) 정답을 듣고도 이해되지 않아 다시 되물었던 때이기도 했다. 여러 가지 가운데 가장 인상적이었던 것은 선배 손에 끌려갔던 도서 판매대였다. 얼마 되지 않은 팜플렛 형식의 번역서들과 많은 원서들이 놓여 있었다. IVF 멤버라면 책을 많이 읽어야 한다고 권해서 얼결에 기독교 철학과 관련되는 책 몇 권을 샀고 지금도 낡은 모습으로 연구실에 꽂혀 있다.

도서 판매대에서 얻은 것은 원서만이 아니었다. '웨슬리 웬트워스' 라는 이름도 들었다. 그분을 통하면 원서를 아주 싸게(?) 얻을 수 있다는 정보도 얻었다. '싸다' 는 말에 귀가 번뜻 뜨였던 기억이 난다. 수련회가 끝나고 캠퍼스로 돌아와 셀 리더(cell leader)로, IVF 지부 대표로 섬기면서 '웨슬리 웬트워스' 라는 이름을 더 듣게 되었다. 무엇보다도 인상적이었던 것은 (사실을 확인하지는 못했지만) 그분이 한국에서 근무하기 위해 회사를 바꾸어가면서 한국에 남았으며, 작은 방에 세간도 거의 없이 작은 냄비와 몇 개의 옷가지만 가지고 살면서 수입의 대부분을 기독교 원서를 구입하여 원가에 소개하고 보급하는 일을 하고 있다는 이야기였다.

사실 그 당시에는 기독교 세계관과 관련된 원서들을 구해다가 국내에 보급하는 일이 얼마나 중요한 지에 대해 그리 잘 알지 못했다. 그저 무엇인가 목표를 정해 놓고 그 일을 위해 자신을 희생하는 삶, 일종의 청교도적 삶이 너무나 큰 도전으로 다가왔다. 그래서 그 무렵 나도 그렇게 살 수 있는가를 정말 많이도 되묻곤 했고, 그 때마다 대부분 절망에 빠지기도 했다. 그래서 때로 '웨슬리 웬트워스'라는 이름은 기억하고 싶지 않은 이름이기도 했다. 왜냐하면 그 이름을 떠올리면 나 자신은 꼭 현실과 타협하고 있는 것처럼 느껴졌기 때문이다. 그래서 한참 시간이 흐른 후에야 비로소 사람마다 달란트가 있고 살아가는 방식이 다를 수 있다고 스스로를 정당화할 수 있었다.

1980년대 후반이었던 것 같다. 군대에서 제대하고 박사 과정으로 복귀하던 시점에 IVF 본부 사무실에 들렀다가 바로 옆에 있는 IVP 사무실에서 그 유명하신 분을 드디어 만났다. 대학 시절 동안 항상 내 머리 속에 신화로 남아 있던 그분을 만났지만, 그분에게는 그저 스쳐지나가는 평범한 만남이었을 것이다. 그분이 나를 기억하기 시작한 것은 불과 얼마 전이기 때문이다. (아니 아직도 나를 기억하시는지도 확실치 않다. 그저 'German Mafia'라고 해야 최태연 교수와 함께 묶어서 기억하실 것 같다.) 그런데 빙긋이 웃는 미소 가운데 사람과 사태를 정확히 분별하는 눈이 인상적이었다. 그 당시 그분이 방값마저 절약하기 위해 모두 퇴근한 IVP 사무실 책상들을 붙여 놓고 그 위에서 주무신다는 말을 들었다. '갈수록 더하시는구나' 하는 생각이 들었다. 학부 때 지녔던 신화가 더 큰 신화가 되어 다가오는 느낌이었다.

그리고 오랜 시간이 흘렀다. 나는 유학을 떠났고 귀국한 후 학생들을 가르치고 챙기느라 정신이 없었다. 그런데 어느 날 소리 없이 그분이 나타났다. '기독교 교육'이라는 화두를 들고서…. 함께 식사하는 자리에서 많은 이야기를 나누었지만, IVF 등 선교단체가 기독교 세계관 운동과 교육보다 교회화 되는 것에 대해 크게 우려하셨던 이야기가 아직도 귀에 남아 있다. 하나님께서 주신 그분의 꿈이 이제 이 땅에서 이루어지길 기도한다. 무엇보다 우리에게 없는 네트워킹의 은사가 그분에게 있기에, 그분을 통해서, 또한 그분을 본받는 분들을 통해 한국 교육이 하나님이 기뻐하시는 교육으로 설 수 있기를 바란다. 그런 점에서 그분을 선교사라고 부르는 것은 너무나 당연해 보인다.

평생을 살면서 너무 신화와 같아 따르고 싶기도 하고 피하고 싶기도 하는 인물을 만나기는 그리 쉽지 않다. 그런 점에서 하나님께서는 나에게, 우리에게 웨슬리 웬트워스 선교사라는 등에를 주셨는지 모른다. 고대 그리스 아테네에 소크라테스라는 등에가 필요했듯이.

17. We are Korean Wesley

■ 정병오(문래중학교 교사, 좋은교사운동 상임총무)

내가 웨슬리 선교사님을 처음 만난 것은 1994년 초 즈음인 것으로 기억된다. 1992년 10월에 기윤실에 속해 있던 4-5명의 교사들이 모여 기윤실 교사 모임을 시작하면서 그 동안 학교 현장 가운데 기독 교사로서 가지고 있던 고민의 보따리를 풀어내며 한참 재미있게 모임을 꾸려갈 즈음이었다.

당시 기윤실의 협동간사로 있던 안경상 간사로부터 연락을 받고 만난 웨슬리 선교사님은 당시 우리가 전혀 고민하지 못했던 문제들을 던지기 시작했다.

"하나님이 창조주라는 사실이 당신의 가르침에 어떻게 적용되고 있습니까?"

"교사가 하는 주요한 일이 교과를 가르치는 것인데 이를 기독교 세계관에 입각해 가르치지 않는다면 당신은 기독 교사가 아닙니다."

이러한 질문들에 대해 우린 이런 변명을 늘어놓았다.

"공교육 상황에서 이를 실행한다는 것은 쉽지 않습니다."

그러나 선교사님이 제기한 질문은 기독 교사로 피할 수 없는 본질적인 질문이었다. 그리고 이러한 본질적인 물음에 대해 우리가 아직 대답을 하지 못하고 있다는 사실이 선교사님과의 지속적인 만남으로 이끌었다.

이후 선교사님은 지속적으로 질문을 던졌다.

"기독 교사 모임이 당신들 외에도 몇 개 더 있는데, 왜 서로 연합하지 않습니까?"

"전국 기독 교사들의 명단을 파악해 이들의 전공과 관심 분야 별로 네트워킹을 하시오."

이에 대해 우리는 또 변명을 늘어놓았다.

"지금 20여 명에 불과한 우리 모임을 추스르기도 힘듭니다."

그러나 그는 이렇게 불같은 선언을 하셨다.

"기독교 교육의 불모지인 한국 상황에서 기독 교사들이 연합하지 않는 것은 사탄적인 것입니다."

이 말씀이 우리들의 가슴에 하나님의 명령으로 깊이 뿌리 박혔고, 그 후 우리는 기독 교사 단체 대표들을 만나고 연합하는 일에 나서기 시작했다.

1995년 1월 웨슬리 선교사님은 알버트 그린 박사님을 초청하셨고, 그린 박사님 강연회를 그 동안 선교사님이 접촉해 오셨던 몇 몇 기독 교사 단체들이 공동으로 주관하도록 하셨다. 이 강연회 이후부터 몇 몇 기독 교사 단체 대표들이 연합을 위한 준비 기도회를 시작했고, 그 해 여름방학에 4개의 기독 교사 단체 대표자들이 모임을 가짐을 통해 기독교사연합이 본격적인 출발을 했다.

그로부터 10년 후, 기독교사연합은 이 땅에 존재하는 대부분의 기독교사 단체들을 다 연합시켜 기독 교사 운동의 중심을 형성하고, 2년에 한 번 열리는 기독 교사 대회와 문서 사역, 인터넷 사역 등을 통해 전국 기독 교사들을 엮는 구심점을 만들었다. 그리고 이 땅 교육의 문제에 대해 교사들이 먼저 헌신하고 아이들을 더 사랑함으로 응답하기 위한 "좋은 교사 운동"과 합리적 정책 대안, 갈등의 중재 사역 등을 통해 국민들에게 희망을 주며, 기독교의 이름을 높이는 일을 해 왔다.

이렇게 해서 웨슬리 선교사님이 지적하신 '연합하지 않는 사탄적인 일'을 하는 것에서는 벗어났지만, 선교사님이 지금도 지적하신 기독 교사들이 가장 많은 시간을 보내고 있는 교과를 기독교 세계관으로 분석하여 가르치고 이를 확장하는 일은 아직 걸음마 단계를 벗어나지 못하고 있다. 공립학교에서 교과를 기독교 세계관으로 분석해서 가르치는 일은 기독교 세계관과 교과에 대한 깊은 통찰력과 끈질긴 인내와 연구를 위한 노력, 그리고 현실과 조화시키는 지혜 등이 필요한 일이라 눈에 띄는 성과는 없지만 멀지 않은 시간에 조금씩 결실들이 맺혀지리라 생각한다.

돌아보면 선교사님과 함께 일을 하는 것이 늘 쉬운 것만은 아니었다. 우리를 향한 선교사님의 도전과 푸시의 내용들이 지금 당장의 현실에서 시급하고 많은 사람들이 필요로 하는 일이 아니었기 때문이었다. 선교사님은 지금의 필요가 아니라 10년 후를 바라보고 이야기하셨고, 현실의 어려움이라는 관점을 넘어서서 성경에 기초한 당위를 이야기하셨다. 그리고 우리는 지금 당장의 주어진 일만으로도 충분히 바빴기 때문에 중요하지만 멀리 있는 일, 사람을 키우고 엮는 일에 나서기가 쉽지 않았다.

하지만 선교사님은 이야기만 하고 다른 사람에게 요구만 하는 것이 아니라 이를 위해 자신이 할 수 있는 최대한의 노력을 하는 분이었다. 그리고 쉽게 포기하거나 좌절하지 않고 끊임없이 설득하고 자료를 주시고 사람을 연결해 주는 등 일할 수 있는 동기와 동력을 제공해 주는 분이었다. 자신의 도전과 푸시에 대해 우리가 주저앉지 않고 인내하며 그 필요성에 대해서라도 진지하게 응답하는 것만으로도 고마워하면서 지속적으로 우리를 설득하시고 환경들을 만들어 가셨다. 그리고 그 결과들이 현재 기독 교사 운동 가운데서도 많은 열매로 나타나고 있다.

1997년 여름 선교사님의 권고를 따라 기윤실 교사 모임 소속 10명의 교사가 호주에서 열린 '세계 기독 교사 대회'에 참석한 적이 있다. 대회 도중 선교사님에게 전화를 드렸더니 선교사님은 "어떤 자료를 모았느냐? 어떤 사람을 만났느냐? 그 사람에게 어떤 질문을 던졌느냐?" 등 여러 가지 물음을 던지셨다. 우리는 선교사님의 의도를 다 간파하고 있었기에 염려하지 말라며, "We are korean Wesley"라고 이야기했더니 선교사님이 너무나 좋아하셨던 기억이 난다.

정말 그랬다. 우리는 웨슬리 선교사님이 우리에게 주신 비전과 사역의 내용에 대해서도 영향을 받았을 뿐 아니라 그 분이 일하시는 방식에 대해서도 많은 영향을 받았다. 사람들을 만나 도전을 주고, 정말 필요한 일인데 아무도 하지 않고 있는 일을 하도록 권고하면서 사람들을 엮어 주고, 필요한 사람이 필요한 자료를 접할 수 있도록 연결해 주는 등의 일은 지금 우리 사역의 가장 핵심이 되고 있다. 그리고 선교사님이 주신 비전을 우리 세대뿐 아니라 다음 세대까지 계승하고 발전시키는 일을 선교사님이 보여 주신 방식을 따라 일을 하겠다는 다짐을 한다.

18. 그는 사랑의 빚쟁이, 그리고 중매쟁이어라

■ 추태화(안양대 기독교문화학과 교수)

내가 처음으로 웨슬리 웬트워스 선생님을 만난 것은 기독교학문연구소를 통해서였다. 독일 유학을 마치고 귀국한 어느 날 봉천동에 있는 기학연 사무실을 방문하였을 때, 그와 첫 만남이 이뤄진 것이다. 나는 깜짝 놀랐지 않을 수 없었다. 독일에 있을 때 알고 지내던 토마스 수사와 너무 닮았기 때문이었다. 토마스 수사는 왜관에서 20년 가까이 베네딕트 수도원에서 헌신하며 살았기 때문에 한국말을, 그것도 경상도 사투리를 아주 익숙하게 했다. 농담도 얼마나 잘하시던지. 뮌헨 근교 베네딕트 보이어른에 있는 베네딕트 수도원에서 그를 만났었다. 그를 생각하면 미소가 입가에 자연스레 미소가 떠오른다. 체구가 커 보이는 토마스 수사가 약간 여윈다면 꼭 웨슬리 선생님 모습이 아닐까 싶을 정도로 얼굴 모습이 닮았던 것이다.

그런데 기막히게 닮은 것이 또 하나 있었다. 내가 한국기독학생회출판부(IVP) 사무실을 방문했을 때였다. 홍대 앞으로 IVP가 이사를 하고 얼마 안 되던 때, 한번은 책 몇 권을 구입하러 사무실을 찾아갔었다. 간사님의 안내로 볼 일을 마치고, 혹 웨슬리 선생님이 계시냐고 물었다. 출타 중이라 하면서 잠시 웨슬리 선생님의 거처를 안내했다. 그런데 나를 놀라게 한 것은 그의 방이었다. 그의 방은 온갖 책으로 뒤덮여 있었고, 여기저기 웬 메모장이 그렇게 많이 널려져 있는지. 토마스 수사를 더 떠올리게 했던 것을 바로 그의 침상이었다. 그의 침대는 책상과 쌓아 놓은 책 사이에 나무널판지를 얹어 만든 간이 침대였다. 잠이라도 험하게 자는 사람이라면 잠자다 십중팔구 침상에서 떨어지기 안성마춤이었다. 아니 맨정신으로 앉아 있기에도 불안한 나무널판지에 어떻게 편안히 드러누워 잠을 청할 수 있단 말인가. 자기가 무슨 마법사도 아니면서.

난 그제서야 웨슬리 선생님이 생활하시는 비밀을 알게 된 듯했다. 도대체 이 낯선 이국땅에서 저렇게 조용하고 차분한 양반이 무슨 낙(樂)으로 살아갈까 하는 의문이 내내 나를 떠나지 않았었다. 그것은 처음 만날 때부터 그때까지 내게 풀리지 않는 추리 문제 같았다. 그날 나는 확연히 웨슬리 선생님의 비밀을 알게 되었다. 그는 가톨릭에 있는 수사 같은 분이었다. 수사는 신부와 다르다. 그들은 신부처럼 예배를 인도하거나, 교인들을 가르치지 않는다. 직위도 올라가지 않고, 크게 재정 지원도 받지 않으면서 평범한 헌신자로 평생 봉사하는 분들이었다. 웨슬리 선생님의 검약, 탁발승 같은 검소한 생활, 마치 요가라도 하듯 나무널판지를 걸어 놓고 잠을 청하는 그는 도통한 수사 같았다. 예수를 닮기 원해 멀리 사하라 사막에 들어가 이슬람 이교도들 틈에서 말없이 살면서 전도하는 작은 예수회 수사가 꼭 웨슬리 선생님이었다.

그로부터 그는 나에게 무섭게 대쉬(dash)했다. 아니 나를 마구잡이로 푸쉬(push)했다. 어느 날 그를 만날라치면 이렇게 묻는다. "00대학에 있는 00교수와 연락했습니까?" 나는 거의 "아직 못했습니다."고 대답하는 경우가 많았다. 그러면 그는 "빨리 연결해 보시오."고 말했다.

웨슬리 선생님의 푸쉬를 받아본 사람들은 이 대화가 무얼 뜻하는지 바로 알아차릴 것이다. 그럴 즈음 그는 나에게 몇 번이고 이메일을 보낸 뒤였다. 예를 들면, 기독교 교육을 담당하는 기관들 사이트 소개, 학부모 연대 사이트 소개, 이슈가 될 만한 소재를 연결하는 사이트 소개, 기독교 세계관 책 제목들 소개, 최근에는 환타지 비평, 해리포터 관련 사이트, 책 소개 등 잊을 만하면 메일을 보내 주었다. 그리고는 재촉한다. 자신이 보낸 자료를 누구누구와 나누었는지. 아니라고 대답하면, 왜 아직도 연구 자료를 기다리는 동료들에게 소중한 자료를 나누지 않고 있는지. 그때마다 나는 빚쟁이도 이런 빚쟁이가 없다고 생각했다.

그의 이런 열심을 통해 나는 별로 신통치 않게 생각했던 해리포터에 관해 글을 쓰게 되었고, 나중엔 환타지 문학에도 관심을 두지 않을 수 없었다. 그는 사랑의 빚쟁이였다. 값진 사랑을 값없이 나눠 주고 그 사랑을 나누었는지 집요하게 따지고 확인하는 사랑의 빚쟁이였다. 한국 기독 지성인 운동이 이만큼 성장한 것도 그의 은근한 열정이 기여한 결과였다고 믿어 의심치 않는다.

어느 날 그는 전화를 한다. 그리고는 묻는다. 누구누구를 아느냐고. 내가 알던지 모르던지 그의 다음 대사는 정확했다.

"빨리 그 사람을 만나도록 해."

신앙고백이라는 같은 심장을 가지고 기독교 학문을 연구하는 동지를 연결시키려는 그의 마음은 정보화 시대에 화두가 되는 바로 그 네트워킹이었다. 일일이 다 밝힐 수는 없지만, 지금 나에게 학문적으로나 인생에서 좋은 동료가 된 여러분들이 웨슬리 선생님의 중매에 의해 알게 된 분들이었다. 바울 사도가 이방인들에게 예수님을 소개하고 결합시키려는 중매쟁이로 자신을 소개한 것처럼 웨슬리 선생님도 끈질기게 사람들을 만나게 하고 연결시키려 했다. 그는 상대방을 속이지 않고, 과장하지도 않는 아주 솔직한 중매쟁이였다.

솔직히 고백하자면 나에게 다른 동료학자를 그렇게 자상하게 소개한 사람은 웨슬리 선생님 말고 또 많지 않다. 나 역시 내가 가지고 있는 자료나 정보를 다른 동료들에게 전해 주기 위해 그렇게 푸쉬하고 대쉬하지 않고 살아왔다. 이 점에서 나는 웨슬리 선생님에게 엄청난 빚을 지고 있는 것이다.

얼마 전 홍대 앞 지하철역에서 선생님을 만났다. 사랑의 빚쟁이, 중매쟁이가 갑자기 내 앞에 나타난 것이다. 오랜 기간 얼굴을 뵙지 못했는데 그 만남은 너무 자연스러웠다. 어제 헤어지고 오늘 만난 것처럼 다정하게 웃는 선생님, 지극한 수련의 기간을 거쳐 완덕에 가까운 수사 같은 모습이었다.

선생님에게 주 예수의 크신 은혜가 생애 동안 언제나 함께 하시길 기도드린다.

19. 전문인 선교사의 전형적인 모범

■ 한기수(연세대 경영학과 교수)

1977년 가을, 당시 군대에서 복학하여 대학 3학년에 재학 중이던 나는 연세 IVF에 소속 되어 복음의 단 맛에 푹 빠져 있었다. 그러던 어느 날 IVF 모임에서 한 미국인이 우리 멤버들에게 영어로 된 책에 대해 설명하고 있는 것을 보게 되었다. 같이 모임에 참석했던 다른 형제가 그를 나에게 소개하였는데, 그는 인사를 나누자마자 나에게 전공을 묻더니 내 전공과 관련된 기독교 서적을 소개하는 것이었다. 그가 바로 웨슬리 선교사님이었다. 그때까지 기독교와 전공의 연관성에 대해 별로 큰 관심을 가지고 있지 않았던 나는 그가 소개해 주는 책을 읽으면서 이미 신앙의 선배들이 학문이나 사회적인 전문 영역에 대해 기독교의 관점에서 많은 연구가 이루어져 왔다는 것에 대해 놀라게 되었고, 기독교인은 자신의 전문 영역까지도 그리스도의 다스림을 받으려고 노력해야 한다는 것을 깨닫게 되었다. 그 이후 웨슬리 선교사님은 우리 모임에 올 때마다 나의 관심 분야에 대한 책을 한 두 권씩은 가지고 와서 소개하거나 다른 사람들을 통해 나의 전공과 관련된 책을 전달하곤 하였다.

10여 년 동안 그가 소개하는 책을 모으다 보니 그 분야의 좋은 책들을 통해 성경적 관점에서의 경제나 경영에 대해 나름대로의 틀을 정리할 수 있었고, 그것을 바탕으로 하여 성경적 관점의 경영에 관한 글을 쓰거나 강의를 할 수 있었다. 그리고 기독교 학문은 나의 삶의 비전의 한 부분이 되었다.

웨슬리 선교사님을 만난 지 10여년이 지나기 전까지 나는 그 분이 선교사로 파송된 분인지 몰랐다. 그 당시 웨슬리 선교사님은 용산 미군부대에서 민간인으로서 일하고 계신다고만 알고 있었다. 그러므로 나는 그 분이 한국에서 일하는 미국 기독교인으로서 그의 여가 시간에 그가 관심을 갖고 있는 기독교 서적을 소개하는 일을 통해 한국 기독교인을 도와주는 것으로 알았다. 그러나 나는 30년 가까이 그 분을 옆에서 뵈면서 문서 사역이 그 분의 최우선적인 사역이며 미군 부대에서의 직업은 문서 사역을 위한 텐트 메이커로서의 도구와 한국에 장기적으로 체류하기 위한 수단인 것을 알게 되었다. 나도 10여 년 전부터 선교사 파송 단체에서 섬기면서 선교와 선교사에 대해 좀 더 배우게 되었는데, 웨슬리 선교사님은 전문인 선교사로서의 전형적인 모범을 보여 주고 계신 분인 것을 알게 되었다.

내가 그 분의 삶에 대해 가장 인상 깊게 느낀 것은 선교사님이 검소하고 소박한 삶(simple life)을 사신 것과 40년을 한결 같이 문서 사역에 헌신하신 것이었다. 그 분의 옷은 항상 입으시던 수수한 옷차림이었으며, 책을 많이 가지고 다녀야 하므로 문서 사역을 위해서는 자동차가 꼭 필요했을 텐데도 자동차는 폐차 직전의 차를 사용하거나 차 없이 사역하신 경우도 많았다.

내가 알기로는 선교사님은 별도의 집을 임대하여 거주하지 않고 IVF

사무실이나 IVP 사무실의 쪽 방에서 궁색하게 사셨다. 당신의 생활과 관련된 비용은 최소화 하시면서도 책은 마진 없이 거의 원가에 제공하시는 것 같았다. 그 분은 평생을 독신으로 문서 사역에 헌신하셨다. 독신으로 사신 것이 사역에는 도움이 되셨을 지도 모르지만, 그는 남들이 누리는 가정의 행복이나 편안하고 안락한 삶을 포기한 셈이셨다. 1988년께 쯤, 나는 그 분이 혼자 사시는 것이 안쓰럽고 마침 문서 사역에 대한 비전이 있는 신앙이 좋은 한국인 자매가 있어서 소개해 드리겠다고 말씀드렸으나 그는 완곡하게 거절하신 적이 있다.

그 분은 지난 40년간 한결 같이 문서 사역에 헌신하는 모습을 보여 주었을 뿐 아니라 문서 사역에 있어서 탁월한 전문성을 발휘하였다. 그 분은 자연 과학을 전공하였음에도 불구하고 철학, 역사, 경제, 경영, 교육학, 음악 등의 책을 소개하면서 소개할 책을 미리 개략적으로 읽고 그 책의 핵심적인 내용이나 흐름을 파악하여 그 책에 대해 설명하면서 추천하셨다. 그리고 미국이나 영국에서 출간되는 복음적인 기독 학문 영역의 책은 출판사를 망라하여 소개하였다.

한국 교회가 1970년대 후반에서 1980년대에 걸쳐 급속한 양적 성장을 하게 되었고, 1990년대 중반부터는 양적 성장이 정지되었다고 한다. 그리고 한국 교회가 당면한 중요한 과제는 질적 성장을 이루는 것이라고들 한다. 한국 교회가 질적으로 성장한 모습 중의 하나는 우리나라의 모든 그리스도인이 삶의 모든 영역에서 그리스도의 주 되심을 인정하고 그 분께 순종하는 삶을 사는 것이라고 생각한다. 이러한 관점에서 한국의 그리스도인 지성들이 학문을 포함한 삶의 모든 영역에서 그리스도가 주 되심을 인정하고 그 분의 다스리심을 온전히 받는 삶을 사는 것은 우리나라 교회의 질적 성장의 주요한 부분이 될 것이다. 나는 하나님께서 웨슬리 선교사님을 한국에 보내셔서 한국의 지성들에 대한 문서 사역을 통해 우리나라의 기독교 지성인들이 각 학문 분야와 경제, 사회, 문화 등의 영역에서 하나님의 주 되심을 인정하고 그들이 속한 분야에서 하나님 나라가 확장되도록 하셨다고 믿는다. 그리고 웨슬리 선교사님은 이 일을 한평생 동안 충성스럽게 잘 감당하셨다고 생각한다.

> "이제 후로는 나를 위하여 의의 면류관이 예비 되었으므로 주 곧 의로우신 재판장이 그 날에 내게 주실 것이니 내게만 아니라 주의 나타나심을 사모하는 모든 자에게니라."(딤후 4:8)

20. 지성과 학문의 올바른 성경적 관점을 깨닫게 해준 웬트워스 선교사

■ 홍종인(서울대 화학과 교수)

내가 웬트워스 선교사님과 처음 만난 것은 대학 1학년 때였으니 지금부터 벌써 26년 전이다. 나는 그 때 선교단체에서 하는 특강(마태복음에 나타난 하나님 나라)에 참여하고 있었는데 그 때 웬트워스 선교사님이 오셔서 여러 가지 유익한 서적들을 소개했던 것으로 기억하고 있다. 그 후로 학교에서 있었던 서적 전시회 등에서 만나면서 개인적인 교제를 하게 되었고 그 때마다 선교사님은 틈만 나면 좋은 책들을 소개해 주고 원가에 팔곤 하였다.

내가 대학에 다녔던 1970년대 말과 1980년대는 민주화에 대한 열망으로 온 캠퍼스가 떠들썩하였고 그 때 나는 기독인으로서 가져야 할 올바른 관점이 무엇인가 고민했었다. 그것이 계기가 되어서 나는 꾸준히 기독교 세계관에 대하여 관심을 갖게 되었고 그 당시 선교단체 내에서는 보기 드물게 형제들이 모여서 함께 기독교 세계관, 역사관, 정치관 등에 관한 책들을 읽고 밤늦게까지 토론하며 올바른 관점을 가지려고 애썼던 기억이 난다. 대학생으로서 당연히 가질 수밖에 없었던 현실 참여 문제에 대한 고민을 나는 직접 거리로 뛰어 나가는 행동으로 풀지 않았고, 고민하던 형제들과 함께 책을 읽으며 올바른 성경적 관점을 갖고자 하는 노력으로 나타내었다.

대학 3학년 때에는 과학사 과목을 수강하였는데 과학사에 관계된 책을 읽고 요약하고 독후감을 제출해야 했었다. 나는 그 때 웬트워스 선교사님으로부터 구했던 호이까스의 근대 과학의 태동과 발전에 미친 기독교의 영향에 관한 책을 읽고 큰 감명을 받았다. 또 아브라함 카이퍼가 쓴 『칼빈주의』라는 책을 읽고 내가 평소 고민하던 내용을 너무도 명쾌하게 정리해 놓은 것을 보고 기뻐했던 기억이 난다. 일반적으로 근대 과학에 기독교가 미친 영향이 부정적이라는 견해가 우세하다고 생각했었는데, 호이까스는 어떻게 종교 개혁에 의해 태동된 개신교, 즉 성경적 기독교가 근대 과학에 긍정적인 영향을 미쳤는지 잘 설명하였다. 나는 기독인으로서, 과학도로서 호이까스의 이러한 분석이 큰 힘이 되었던 기억이 난다. 특히 카이퍼의 책은 생각의 바다에서 방황하기 쉬운 대학 시절에 내 생각의 틀을 성경적으로 형성하는데 중요한 역할을 하였다. 나는 그 때 카이퍼의 책을 통하여 기독교 신앙이 단순히 영혼 구원에 머무르지 않고 정치, 경제, 문화, 교육, 역사, 예술, 가정 등 우리 삶의 모든 영역에 포괄적인 영향을 미친다는 사실을 깨닫고 시야가 열리며 마음이 활짝 열렸던 기억이 난다. 나는 이 두 권의 책을 정리해서 "기독교와 근대 과학"이라는 내용의 팀 페이퍼를 아주 만족스럽게 썼었다. 대학 시절 지적 호기심도 왕성했던 시절에 생각의 폭이 좁아지지 않고 선교사님을 통하여 지성과 학문의 세계에 대하여 올바른 성경적 관점을 가질 수 있는 기초를 형성할 수 있었다.

내가 1980년대 중반에 유학의 길에 올랐을 때 다시 미국에서 웬트워스 선교사님을 만나게 되리라고는 생각하지 못했다. 그런데 당시 코스타 사역이 시작되면서 미국에 들어와 기독인 유학생 사역에 대한 새로운 비전을 갖고 있었던 선교사님은 동부를 오르내리며 유학생들을 만나 인명록을 데이터베이스화하는 일에 열심이었다. 선교사님은 나에게 인명록 작성을 위해 도움을 청했었는데 내가 좀 더 적극적으로 도와드리지 못해서 미안했던 마음이 들었었다. 선교사님은 뉴욕에 들릴 때마다 맨하탄 업타운에서 살던 린턴 씨 댁에 머물면서 나에게 찾아와서 함께 교제하던 기억이 난다. 나도 그 땐 독신으로 있었던 때라 웬트워스 선교사님과 함께 중국 음식점에서 좀 맛있는 것을 먹고 싶었는데 값싼 것을 먹자고 해서 간단하게 식사했고 또 남은 것은 따로 선교사님이 싸 간 기억이 난다.

선교사님은 나에게 올 때마다 읽을거리들을 가져다 주고 또 다른 사람들에게 전해 주라고 복사물을 한 뭉치씩 두고 가셨던 기억이 난다. 나에게 올 때마다 과학과 종교의 문제, 교육 등에 관한 소책자, 정기간행물, 유인물들을 한 뭉치씩 들고 와서 보라고 하였다. 나는 선교사님이 주신 책의 반의 반도 읽을 수 없었지만-나중에는 또 읽기 힘든데 주고 가시는구나 하며 좀 부담이 되기도 하였지만-한결같이 주는 사랑을 거절할 수 없었다. 자기를 위해서는 최소한으로 검소하게 사용하고 형제들을 위해서는 아낌없이 사용하는 선교사님의 모습에 많은 감명을 받았다. 또 늘 고물 자동차 뒤 쪽에 책 박스 가득 싣고 다니던 모습이 기억난다.

책은 물론 내 돈으로 구입했지만 늘 원가에 해당하는 싼 값으로 살 수 있었고 지금 내 방에는 선교사님에게서 구입한 괜찮은 서적들이-아직 못 읽은 책들이 태반이라 미안하기도 하지만-많은 자리를 차지하고 있다. 내가 작년 안식년으로 미국으로 가게 되었다고 하였을 때 우리 아이들을 위하여 미션 스쿨을 소개해 주셨는데 물론 우리 경제 사정으로 감당할 수 없겠노라고 하였더니 따로 홈 스쿨링에 대하여서도 소개해 주셨다.

사실 선교사님과의 교제는 언제나 선교사님이 먼저 찾아오시고 연락을 주시는 것으로 이어져 왔다. 규칙적이거나 잦은 만남은 아니지만, 잊을 만하면 다시 찾아오셔서 며칠 전에 만났던 사람처럼 다정하게 대해 주시고, 꽤 시간이 지나 어떻게 지내시나 궁금할 때쯤 되면 또 연락을 주시는 분이셨다. 여느 어른들과의 관계 같으면 상대방도 한두 번쯤은 연락을 같이 하고 안부를 묻지 않으면 서운해라도 할 것 같은데 선교사님은 나에게서는 어떤 것도 요구하거나 기대하지 않고, 계속 베풀고 돌려받기를 기대하지 않는 '주는 분' 이셨다.

오늘의 내가 있기까지 선한 영향을 주신 많은 분들이 있는데 그 중에 웬트워스 선교사님과의 만남과 교제를 통하여 나는 삶의 모든 영역에서 기독교적 관점을 회복하고 올바른 영성의 길을 추구할 수 있는 바탕이 형성되었다고 볼 수 있다. 내가 선교사님과 가까이에서 지속적으로 교제하진 못했지만 그에게서 받은 책들과 나눈 대화들을 통해 나도 모르게 성경적 관점과 생각이 내 속에 자연스럽게 형성되어 온 것을 보게 된다.

엔지니어로서 평신도 선교사로서 한결같은 헌신된 삶의 모습을 보여주신 선교사님께 감사드린다. 나도 같은 평신도로서 하나님의 부르심 앞에서 어떻게 살아야 할지를 선교사님의 삶을 통해 다시 생각하게 된다.